U0828064

经济管理学术文库·经济类

我国战略性新兴产业环境效率研究

Research on Environmental Efficiency of Strategic Emerging Industries in China

朱清贞　徐书林　陈运平／著

经济管理出版社
ECONOMY & MANAGEMENT PUBLISHING HOUSE

图书在版编目（CIP）数据

我国战略性新兴产业环境效率研究/朱清贞，徐书林，陈运平著．—北京：经济管理出版社，2020.9

ISBN 978－7－5096－7354－6

Ⅰ.①我… Ⅱ.①朱… ②徐… ③陈… Ⅲ.①新兴产业—环境影响—研究—中国 Ⅳ.①F269.24

中国版本图书馆 CIP 数据核字(2020)第 146669 号

组稿编辑：张巧梅
责任编辑：范美琴
责任印制：黄章平
责任校对：陈 颖

出版发行：经济管理出版社
（北京市海淀区北蜂窝 8 号中雅大厦 A 座 11 层 100038）
网 址：www. E－mp. com. cn
电 话：（010）51915602
印 刷：北京晨旭印刷厂
经 销：新华书店
开 本：720mm×1000mm/16
印 张：11.75
字 数：198 千字
版 次：2020 年 9 月第 1 版 2020 年 9 月第 1 次印刷
书 号：ISBN 978－7－5096－7354－6
定 价：78.00 元

·版权所有 翻印必究·
凡购本社图书，如有印装错误，由本社读者服务部负责调换。
联系地址：北京阜外月坛北小街 2 号
电话：（010）68022974 邮编：100836

前　言

随着我国经济增长速度的调整与变化，我国经济增长方式以资源投入驱动为主转变为以创新和技术驱动为主，在实现经济增长的过程中，发展资源节约型和环境友好型经济成了不二选择。党的十九大报告指出，推动经济高质量发展转型将是中国经济未来发展的主要途径。因此，大力发展战略性新兴产业，实现新产业孕育新的发展动能，从而促进经济转型和高质量增长，已经成为当前国内学术界、各地方政府和企业的共识。在推进战略性新兴产业的发展过程中，要注重发展质量和增长效率的问题，中国经济发展宜从粗放、高速增长阶段向新常态下的精细和稳健增长转变。因此，推动战略性新兴产业的“质”和“量”发展，是未来中国经济高质量发展的必然要求和重要途径。研究环境效率，就是为了更加客观准确地评价在环境约束下产业的发展效率，这是资源和环境约束下的必然选择。因此，建立一种评价体系，研究并分析产业发展中生产条件、资源消耗和环境污染之间的关系，能够为当前产业发展、企业生产和政府规划提供一份科学的依据和指导。当前我国正处于新旧动能转换的关键时期，战略性新兴产业依然处在培育期，我国整体技术水平和能力还有待提升，与此同时，我国的资源、环境、能源矛盾日益突出，在当前资源环境约束的条件下，研究我国战略性新兴产业环境效率，对指导我国战略性新兴产业发展具有重大的现实意义和理论价值。

实现战略性新兴产业的快速发展和升级优化，关键在于提高产业的环境技术效率和全要素生产率，即统称为战略性新兴产业的环境效率。但现有的成果多从生产率的视角，或仅应用传统的DEA或经典的C－D模型来考察度量，对产业发展中的环境污染和资源消耗考虑得不多，忽视了战略性新兴产业对环境生产率的影响，同时对影响战略性新兴产业环境效率的因素以及各因素之间的博弈关系等考虑不多，这些都导致模型在一定程度上缺乏可靠性和准确性。当前中国战略性新兴产业的发展进入了要素集聚重组、要素质量改进、关联效应协同的关键阶段，战略性新兴产业依靠要素集聚和技术创新的程度越来越高。因此，从资源环境的视角客观研究分析我国各省份战略性新兴产业的发展，不仅可以拓展战略性新兴产业的研究领域，而且可以丰富环境约束下战略性新兴产业生产率变化的研究成果。通过科学构建战略性新兴产业分析框架开展理论、模型及案例验证，对科学研究我国战略性新兴产业的发展、促进产业可持续发展提供了理论和实践参考。

本书的研究内容包括以下几个方面：首先，对战略性新兴产业的研究背景与研究意义等进行了系统介绍，明确在我国积极寻求高质量发展的进程中，研究战略性新兴产业环境效率是一个具有重要时代意义和价值的命题，能够构建出一个环境污染低、资源消耗少的产业发展模式，推动产业结构的不断优化升级。同时对战略性新兴产业进行了分析和界定，特别是对其发展的特征、主要领域、环境效率的内涵等进行了分析，运用基于 DEA 的 SBM 方向性距离函数对我国战略性新兴产业的环境效率、技术效率动态变化趋势、空间分布特征进行了综合分析。其次，运用 GML 指数分析模型，对环境约束条件下的战略性新兴产业环境全要素生产率进行分析并分解，将环境效率的变动分解为技术进步和效率改进两个方面。再次，开展环境全要素生产率的绝对收敛性分析以及环境效率区域间收敛性分析，从战略性新兴产业具体特征出发探寻影响环境效率的因素，并运用 Tobit 面板模型进行实证分析，归纳出环境的规制力度、第三产业产值占比、研发资本存量、环境执法的公正廉洁程度和产业结构合理化水平，这些都是影响我国战略性新兴产业环境效率的重要变量，在此基础上探索战略性新兴产业环境效率提升的机制设计，借用演化博弈模型分析动力主体间如何建立起合作机制共同促进环境效率提升，以及利用 Matlab 模拟仿真重要参数对动力主体行为决策的具体影响。进一步地，以江西省为例，提炼提升战略性新兴产业环境效率的实践经验。最后，对全书研究进行总结，指出战略性新兴产业环境效率提升的前提条件，并从七个方面提出战略性新兴产业环境效率提升的政策建议。

本书得出的主要结论如下：

第一，关于战略性新兴产业发展的概念内涵及动态演进。研究认为，从总体上来看，我国战略性新兴产业发展规模在不断扩大，七大战略性新兴产业产值都在逐年增加。这是一种良好的发展趋势，将有助于我国经济总量增长，促进传统产业向战略性新兴产业转型升级。但这七大产业发展也存在较为严重的产业发展不均衡问题，新一代信息技术产业和新能源产业两个产业的产值占比超过我国战略性新兴产业总产值的75%，生物医药、节能环保、新能源汽车、高端装备制造产业和新材料产业五个战略性新兴产业产值之和占比不足25%。通过对七大战略性新兴产业2003~2016年产值变化趋势进行研究发现，产值占比越高的产业（新一代信息技术产业和新能源产业）产值增长速度越快，产值占比越低的产业产值增长速度越慢，这将导致我国这七大战略性新兴产业发展规模差距越来越大，最终市场上形成新一代信息技术产业和新能源产业两家独大的局面，新能源汽车、高端装备制造产业和新材料产业可能会由于发展规模小、产值低且无良好发展态势被迫退出市场。

第二，关于战略性新兴产业环境效率测度及其特征分析。研究发现，我国战略性新兴产业的环境效率和省域环境效率整体呈现波动上升态势，这说明我国资源有效利用水平和环境保护力度得到强化。在考虑非期望产出的前提下，环境因素的引入可以更加真实地反映产业的生产效率变动。在未考虑环境因素时，大多数产业的技术进步（TECH）被低估而效率改进（EFFCH）被高估，忽视了技术因素在生产效率中的重要影响。我国战略性新兴产业的环境效率依然有待提升，同时由于环境污染等非期望产出的存在，对环境生产率产生了负面的影响，降低了环境生产率的增长速度，环境效率也是经济发展水平的重要体现。根据SBM模型的GML指数得到环境约束下省域战略性新兴产业环境全要素生产率、效率的变动和技术进步变动在各省之间存在一定差异。最后，对战略性新兴产业环境效率的收敛性与特征进行分析。环境全要素生产率的绝对σ收敛结果表明，在2004~2016年样本考察期内战略性新兴产业的环境全要素生产率随着时间的推移不存在显著的σ收敛。从β系数及其统计检验可看出，2003~2016年战略性新兴产业存在收敛性，而每段时期的收敛性大小又有所不同。

第三，关于战略性新兴产业环境效率影响因素实证分析。研究发现，经济发展水平、产业结构合理化、第三产业产值占比、政府对经济的干预能力、环境资源交易市场的发育程度、外商直接投资、环境执法的公正廉洁程度均与全要素环境效率呈正相关关系，并且产业结构合理化、第三产业产值占比、政府对经济的干预能力以及环境执法的公正廉洁程度对全要素环境效率的影响呈正向显著。相比之下，生态建设力度、环境规制以及研发资本存量与全要素环境效率之间的弹性系数均为负，并且均在10%水平上显著。产业结构合理化与第三产业产值占比是促进全要素环境效率提高的重要变量，相反，环境规制和生态建设力度是抑制全要素环境效率的变量，但是该抑制性经常体现为短期，从长期来看，该抑制作用将不再明显甚至会产生促进效果。

第四，关于战略性新兴产业环境效率提升的机制设计。研究认为，政府规制是环境效率提升的主要推力，企业的绿色创新是环境效率提升的基本动力，社会监督者的舆论监督则是环境效率提升的重要拉力。通过演化博弈分析发现，战略性新兴产业环境效率系统中的政府、企业都不是独立决策，其行为策略依赖于另一方的行为决策，且社会监督作用会对政府和企业的行为策略产生影响；且创新、监管，创新、不监管，不创新、监管和不创新、不监管都可能是系统的均衡策略，当参数值发生变化时，系统的均衡状态也将发生变化。模拟仿真结果表明，社会监督者参与监督的概率提升，政府对企业行为的奖励和惩罚加大，以及FDI和科研院所带来的技术溢出效应增大可以对企业绿色创新行为产生正向影响；政府不监管的情况下，FDI给企业绿色创新带来的技术阻滞效应会减缓企业趋于绿色创新均衡状态的速度。社会监督者监督给企业行为带来的潜在收益和损失是政府行为决策的重要影响因素，同时政府出于监管成本考虑会倾向于选择加大对企业不创新行为的惩罚来实施环境规制。

第五，提升战略性新兴产业环境效率的实践：以江西省为例。研究认为，江西战略性新兴产业的发展现状有资源、生态环境以及平台支撑优势，但机遇与挑战并存，其发展面临着整体行业规模小、参与竞争和分工的能力不足、行业水平普遍较低、产业布局不合理、创新能力不足等问题。以鄱阳湖生态经济区建设为龙头，以科技为先导，培育一批龙头企业，打造一批战略性新兴产业，形成较强的区域竞争力，使江西成为我国战略性新兴产业创新和生产的重要基地，围绕江西战略性新兴产业发展的愿景和目标，重点推进形成十大国家级的产业基地。江西的绿色崛起能够为全面建成小康社会打下坚实基础。江西战略性新兴产业环境效率普遍偏低，处于0.5～0.8。整个战略性新兴产业的环境技术效率年均值为0.63。在战略性新兴产业的七大产业中，新能源产业的环境技术效率最高，而生物医药产业的环境技术效率最低，节能环保产业的环境技术效率基本与产业均值持平，比较符合实际发展情况。在考虑非期望产出的情况下，在资源环境约束下，十年间江西战略性新兴产业环境技术效率的变动总体上显现下降的趋势，下降了10.4%；当不考虑非期望产出时，所有产业的环境技术效率都有明显的上升，即不考虑环境因素影响时明显会高估环境技术效率的增长，产业间的差异也会变小。

第六，提升战略性新兴产业环境效率的前提条件与政策建议。研究认为，发展战略性新兴产业要重点从以下七个方面入手，完善创新系统，提升环境技术效率，则应制定战略性新兴产业创新发展战略方针，建立适合科技创新发展的财政和金融服务支撑体系，完善创新中介服务体系建设；强化环境规制，促进可持续发展，则需加大环境管制力度，通过完善环境法律法规，严格环境的执法，加强对战略性新兴产业的污染排放管理，通过技术创新使得生产要素资源科学合理配置，提高资源的利用率，着力提高环境执法的公正廉洁程度，严厉惩治贪污腐败、监守自盗等行为；优化产业结构，提高产业结构合理化水平，需主动谋求产业结构高级化转型升级策略，积极扩大战略性新兴产业生产，通过供给侧结构性改革，着力从“三去一降一补”中加快产业结构调整进程；增加政府购买，创新融资支持；增强产业竞争力，提升自主创新能力；推进人才队伍建设，强化战略性新兴产业发展的智力支撑；完善环境资源交易市场，因地制宜发展战略性新兴产业。

目　录

1　绪论 …… 1
1.1　研究背景及意义 …… 1
1.1.1　研究背景 …… 1
1.1.2　研究意义 …… 4
1.2　研究内容与目标 …… 6
1.2.1　研究内容 …… 6
1.2.2　研究目标 …… 9
1.3　研究方法与技术路线 …… 10
1.3.1　研究方法 …… 10
1.3.2　技术路线 …… 11
1.4　创新之处与研究展望 …… 12
1.4.1　创新之处 …… 12
1.4.2　研究展望 …… 12

2　文献综述与理论基础 …… 14
2.1　文献综述 …… 14
2.1.1　战略性新兴产业研究现状 …… 14
2.1.2　环境效率的研究现状 …… 19
2.1.3　提升战略性新兴产业环境效率的相关研究现状 …… 31
2.1.4　文献评述 …… 32
2.2　理论基础 …… 33

2.2.1 产业发展理论 …… 33
2.2.2 资源配置优化理论 …… 34
2.2.3 竞合博弈理论 …… 35

3 战略性新兴产业发展现状及面临的挑战 …… 37

3.1 战略性新兴产业概念界定 …… 37
3.1.1 基本内涵 …… 37
3.1.2 战略性新兴产业的主要外延 …… 41
3.2 战略性新兴产业发展现状分析 …… 46
3.2.1 战略性新兴产业发展的动态演进 …… 46
3.2.2 战略性新兴产业发展的空间分布 …… 49
3.2.3 战略性新兴产业与环境质量相关性分析 …… 55
3.3 战略性新兴产业发展面临的挑战 …… 66
3.3.1 战略性新兴产业可持续发展困境 …… 66
3.3.2 战略性新兴产业与生态环境的融合困境 …… 67
3.4 本章小结 …… 67

4 战略性新兴产业环境效率测度及其特征分析 …… 68

4.1 战略性新兴产业环境效率的概念界定 …… 68
4.1.1 基本内涵 …… 68
4.1.2 战略性新兴产业环境效率的主要外延 …… 69
4.2 战略性新兴产业环境效率测度方法与数据处理 …… 70
4.2.1 战略性新兴产业环境效率测度方法 …… 70
4.2.2 战略性新兴产业环境效率测度指标选取 …… 77
4.2.3 战略性新兴产业环境效率测度样本选取与数据处理 …… 78
4.3 战略性新兴产业环境效率测度结果与特征分析 …… 80
4.3.1 七大战略性新兴产业环境技术效率测度 …… 80
4.3.2 省域战略性新兴产业环境技术效率测度结果与分布特征 …… 82
4.3.3 战略性新兴产业环境效率的收敛性与特征分析 …… 89
4.4 本章小结 …… 92

5 战略性新兴产业环境效率影响因素实证分析 …… 93

5.1 模型设定 …… 93
5.1.1 变量解释与说明 …… 94
5.1.2 数据处理 …… 98
5.1.3 数据来源 …… 98
5.2 模型估计 …… 98
5.2.1 战略性新兴产业全要素环境效率模型估计及结果分析 …… 98
5.2.2 战略性新兴产业技术改进模型估计及结果分析 …… 100
5.2.3 战略性新兴产业效率改进模型估计及结果分析 …… 102
5.3 本章小结 …… 104

6 战略性新兴产业环境效率提升的机制设计 …… 106

6.1 战略性新兴产业环境效率动力主体分析 …… 106
6.1.1 动力主体界定 …… 106
6.1.2 影响指标分析 …… 109
6.1.3 动力主体对战略性新兴产业环境效率提升的作用机理 …… 111
6.2 战略性新兴产业环境效率动力主体合作的演化博弈 …… 112
6.2.1 模型的基本假设及建立 …… 113
6.2.2 复制动态方程分析 …… 115
6.2.3 演化稳定性分析 …… 117
6.2.4 数值实验与模拟仿真 …… 119
6.3 本章小结 …… 125

7 提升战略性新兴产业环境效率的实践：以江西省为例 …… 127

7.1 江西省战略性新兴产业的发展现状 …… 127
7.1.1 江西省战略性新兴产业发展的 SWOT 分析 …… 127
7.1.2 江西省战略性新兴产业发展愿景 …… 131
7.1.3 江西省战略性新兴产业发展目标 …… 132
7.2 江西省战略性新兴产业环境效率的现状 …… 133

7.2.1 模型设计 …… 133
7.2.2 相关指标的选取与数据处理 …… 135
7.2.3 江西省战略性新兴产业环境效率的测算结果及分析 …… 138
7.3 提升江西省战略性新兴产业环境效率实践 …… 140
7.3.1 提升江西省战略性新兴产业环境效率的实践路径 …… 140
7.3.2 提升江西省战略性新兴产业环境效率的保障措施 …… 141
7.4 本章小结 …… 143

8 提升战略性新兴产业环境效率的前提条件与政策建议 …… 145

8.1 战略性新兴产业环境效率提升的前提条件 …… 145
8.1.1 基于生产要素集聚的推动作用 …… 145
8.1.2 基于企业微观层面的能动作用 …… 146
8.1.3 基于产业中观层面的支持作用 …… 147
8.1.4 基于政府宏观层面的引导作用 …… 147
8.2 提升战略性新兴产业环境效率的政策建议 …… 148
8.2.1 完善创新系统，提升环境技术效率 …… 149
8.2.2 强化环境规制，促进可持续发展 …… 150
8.2.3 优化产业结构，提高产业结构合理化水平 …… 152
8.2.4 增加政府购买，创新融资支持 …… 152
8.2.5 增强产业竞争力，提升自主创新能力 …… 154
8.2.6 推进人才队伍建设，强化战略性新兴产业发展的智力支撑 …… 155
8.2.7 完善环境资源交易市场，因地制宜发展战略性新兴产业 …… 156

参考文献 …… 157

后　记 …… 176

1 绪论

1.1 研究背景及意义

1.1.1 研究背景

全球经济力量的不平衡促使国际分工体系面临调整。后金融危机时代，世界各国为早日走出金融危机阴影、实现新一轮经济增长，许多发达国家提出向实体经济回归的“再工业化”战略①，积极发展高新技术产业，推动战略性新兴产业的全面布局，希望通过推动新一轮科技革命来加速产业的优化升级，抢抓产业和科技发展的战略高地，推动科技战略的实施，带动国家经济的新一轮发展。当前全球各主要经济体正在加速提高研发的投入，希望结合自身的经济发展形态和产业优势发展符合全球经济发展趋势的战略性新兴产业作为自身未来的主攻点，通过战略性新兴产业的发展在未来经济发展的竞争中占据主导优势地位，通过政策的支持、资金的倾斜来强化战略性新兴产业的发展。

以低碳经济为理念引领战略性新兴产业的发展将对全球经济格局产生重大而

---

① “再工业化”是西方学者基于工业在各产业中的地位不断降低、工业品在国际市场上的竞争力相对下降、大量工业性投资移师海外而国内投资相对不足的状况而提出的一种“回归”战略，即重回实体经济，使工业投资在国内集中，避免出现产业结构空洞化。

深远的影响，并且对当前全球普遍面临的传统经济模式增长乏力、可开发资源普遍不足、环境污染压力日益增大、食品安全问题突出等状况将产生积极而有效的影响，能够有力地缓解这些问题，从而推动国家和地区经济实力、产业实力和科技水平的升级。当前部分西方发达国家通过技术优势及碳排放配额的有力举措，通过实施低碳发展战略，实现了科技水平的再一次跃升。

长期以来，中国经济发展的高投入、高消耗和低产出，尤其是低单位产出问题尤为突出，长期以来粗放的经济发展方式虽然推动了中国经济高速发展，做大了总量规模，但这种发展方式在一定程度上牺牲了良好的资源禀赋和区域生态环境，对长期稳健的发展产生了消极的影响。目前中国的钢铁和水泥消耗量已经超过全球总产量的一半以上，煤炭、天然气等的消耗量也接近全球的 20%，可以说，在当前全球经济增长放缓、结构调整、资源约束的现实背景下，需要中国下更大力气推动产业结构优化升级，实现战略性新兴产业的稳健发展，带动经济发展方式的转变，实现低碳、绿色、可持续发展。

但是，在发展战略性新兴产业的过程中，一般都面临着环境空间布局错位、污染严重、资源过度消耗等问题。这些问题具有普遍性，可以说各个国家、各个地区在发展中都会面临这些问题，尤其是在发展的初期这些问题尤为突出，因此发展具有绿色属性的战略性新兴产业在这个背景下就显得非常重要，这对中国经济的可持续发展具有重要的推动作用。因此在今后及未来一段时间，大力推动战略性新兴产业发展成为中央政府和各地方政府的重要主题，特别是在党的十八大、十九大召开以来，中央下发了一系列文件要求加大力度支持战略性新兴产业的发展。党的十九大报告中特别提出“要建立现代化的经济体制，经济发展的重点必须放在实体经济上”，要深入推动供给侧结构性改革，提升中国经济发展的质量，规模和质量并重，这将为中国战略性新兴产业的发展指明方向。

战略性新兴产业代表了新一代产业的发展方向和技术革新的方向，要进一步推动产业结构的调整优化升级，通过产业结构升级加快实现供给侧结构性改革，使得战略性新兴产业成为国家建设现代化经济体系的有力抓手，推动中国制造迈向中高端。

当前，以智能制造、先进集成电路、互联网信息技术等为代表的新一轮科技革命已经步入快速发展的上升通道，产业变革、科技创新成为新的主旋律，战略性新兴产业在经济发展中的地位更加凸显，已经成为国家产业结构升级和抢占世界经济发展制高点的关键和核心。我国顺应世界经济发展趋势，主动应对以美国为首的西方国家对我国的战略封锁和技术限制，大力发展战略性新兴产业，推动经济高质量发展，实现结构调整、产业优化、经济增效、竞争力提升的多重目标，战略性新兴产业已经成为我国经济保持中高速增长的有力抓手。尤其是自2018年以来，中美贸易争端①越演越烈，对我国经济发展和对外贸易产生了一定的挑战，因此发展战略性新兴产业已成为促进社会全面可持续发展、提升国家相关产业竞争力的重要突破点。

传统的地区经济衡量评价更多的是考虑GDP等经济绩效的产出，但是一些地区在发展过程中对资源和环境的考虑并不多，这直接导致部分地方政府形成“政绩冲动”，注重“面子工程”，一些产业的发展并没有经过科学合理的论证而盲目上马，一些产业的落地并没有考虑当地的现实资源和环境禀赋，对经济发展的“另一方面”考虑不足。在2013年的雾霾危机中，全国人民看到了经济发展对资源和环境的破坏，人们更加清晰地认识到污染对自己生活的影响，特别是在部分地区形成了一条灰褐色的“污染带”，“污染带”集中在华北、江浙、华南等经济发达地区，尤其是工业基础较好的发达地区。这凸显了当前经济发展模式对资源和环境的影响，因此过去以资源消耗高、环境污染大为特征的产业发展模式展现了自己的不足，对中国经济稳健发展敲响了警钟。

因此，在研究中将环境因素纳入分析框架，综合考虑投入资本、劳动力等要素后的期望产出（政府所期望的）和非期望产出（污染等与群众密切相关的），通过测度环境效率综合反映战略性新兴产业的投入和产出与污染之间的关系，做到尽量降低污染的同时提高期望产出，将有利于更全面综合地评价战略性新兴产业和各省市之间的差异，全面了解战略性新兴产业对资源的利用和对环境的影响。

以科技、绿色为特征的战略性新兴产业代表着当前高端的科技创新和重大的技术突破，是社会生产客观需求的具体体现，对国家宏观经济的发展、技术创新水平的培育和产业竞争能力的提升具有重大而深远的意义。中国是一个拥有多个省份的国家，每个省有其独特的资源环境禀赋和技术要素环境，因此各个省份战

① 中美贸易争端指在国际贸易中，中国与美国之间在进行贸易往来的过程中，在贸易平衡上所产生的影响，例如中国对美国的轮胎出口会影响到美国国内轮胎企业而导致两国之间的矛盾发生。

略性新兴产业的发展水平有很大的差异，也使得战略性新兴产业存在省域间发展的不平衡。因此，在此背景下，研究和衡量中国战略性新兴产业的环境效率，比较不同行业和不同地区的差异，可以更好地分析和把握中国战略性新兴产业的发展，可以更好地找到如何在降低资源投入的前提下，尽可能提高产出并降低对环境的影响，为促进战略性新兴产业区域协调发展提供正确的理论指导和实践支持。同时，对战略性新兴产业发展的影响因素进行探究及实证分析各大因素对环境效率的影响程度，可以更加明确战略性新兴产业环境效率的内外驱动力，有助于提出提高战略性新兴产业环境效率的针对性政策建议。通过对战略性新兴产业发展的影响因素进行实证分析，构建战略性新兴产业环境效率动力主体间合作的演化博弈模型，明确其作用机理和驱动力机制，促进战略性新兴产业环境效率的提升，进而全面推动我国战略性新兴产业的发展。

因此，研究战略性新兴产业环境效率是一个具有重要时代意义和价值的命题，有助于更有效地指引构建一个环境污染低、资源消耗少的产业发展模式，推动产业结构不断优化升级。

1.1.2 研究意义

战略性新兴产业是指以重大技术突破和重大发展需求为基础，对经济社会全局和长远发展具有重大引领带动作用，知识技术密集、物质资源消耗少、成长潜力大、综合效益好的产业。对战略性新兴产业环境效率进行综合研究有助于阐明其内部发展机制，促进中国经济集约型增长。本书通过对国内外相关研究文献进行梳理，为当前战略性新兴产业研究理清了思路与研究现状，为针对战略性新兴产业环境效率这一问题开展深入研究奠定了基础。在第 3 章中，首先通过对战略性新兴产业的概念和构成进行分析，明确了战略性新兴产业的基本原则、组织目标、发展特点等，明确界定了战略性新兴产业的内涵和主要外延，为进一步描述战略性新兴产业的现状指明了对象。其次分别从战略性新兴产业的动态演进以及我国战略性新兴产业发展的空间格局分布两方面来揭示当前战略性新兴产业的发展现状，有助于我们大致了解我国战略性新兴产业的发展进程，为进一步推动战略性新兴产业发展厘清了现实基础，也明确了在发展过程中会面临的挑战与困境。最后通过分析当前我国战略性新兴产业的发展，对各省份战略性新兴产业面临的资源和环境问题进行细致的分析，明确了战略性新兴产业发展过程中的环境约束，为后续进一步的研究奠定了基础。在第4章中，首先明确战略性新兴产业环境效率的基本内涵，有利于加深对战略性新兴产业环境效率一词的理解，后续的测算方法对今后的学者研究相关问题也有一定的参考价值和意义。其次通过对战略性新兴产业环境效率进行衡量，探究了中国战略性新兴产业在不同时期和不同地区的环境效率的差异，得出我国战略性新兴产业发展变化的时间和空间差异，同时分别从七大战略性新兴产业环境效率的测算结果和特征及全国各省域战略性新兴产业环境效率测度结果和分布特征的角度来分析，从数理逻辑上对我国的战略性新兴产业环境效率的发展进行研究，使得研究更加具有客观性，研究的结果更加真实可信，也为后续揭示战略性新兴产业环境效率的影响因素奠定了一定的基础和前提。在第5章中，通过对战略性新兴产业环境效率的影响因素进行实证分析，分别构建战略性新兴产业全要素效率模型、战略性新兴产业技术改进模型和战略性新兴产业效率改进模型，筛选出了影响我国战略性新兴产业环境效率增长的几大关键变量，如产业结构合理化、第三产业产值占比、执法的公正廉洁度和环境规制等。对影响战略性新兴产业环境效率的因素进行识别探究，能够为提升战略性新兴产业环境效率提供一定的改进方向以及对国家制定相关政策有一定的指导意义。在第6章中，通过从微观主体角度出发构建战略性新兴产业技术效率增长动力主体博弈模型，分析战略性新兴产业环境效率提升动力主体间的作用机理和合作机制，为政府、企业和社会其他监督者提出有针对性的对策建议提供了一定的基础。在第7章中，本书以江西省为例对战略性新兴产业环境效率的实践路径进行探究，对我国其他省份战略性新兴产业的发展具有一定的参考价值，无论是发展过程中的阻力还是创新性的举措都可以给其他地区带来一些反思。本书最后通过总结和反思，对如何促进战略性新兴产业环境效率提升提出政策建议，对我国各地区提升战略性新兴产业环境效率具有一定的参考价值，对我国实现经济和环境协调发展、国民经济可持续健康发展具有十分重要的意义。

习近平总书记在中国科学院第十九次院士大会、中国工程院第十四次院士大会开幕会上发表重要讲话，强调“要充分认识创新是第一动力，提供高质量科技供给，着力支撑现代化经济体系建设。要把握数字化、网络化、智能化融合发展的契机，以信息化、智能化为杠杆培育新动能，优先培育和大力发展一批战略性新兴产业集群，推进互联网、大数据、人工智能与实体经济深度融合，推动制造业产业模式和企业形态根本性转变，促进我国产业迈向全球价值链中高端”。但是在推进战略性新兴产业发展的过程中，我们也面临着诸多难题：一是如何精准地找出影响战略性新兴产业发展的关键因素，明确动力主体间推动环境效率提升的合作机制；二是如何对战略性新兴产业发展的效率进行测度和分析，判断其发展的变化趋势；三是如何基于理论、实证提出合理有效的助推战略性新兴产业发展的政策建议。

为此，本书将从理论与实践两个方面为上述问题的解决提供决策参考。

从理论意义上来说，当前对战略性新兴产业的研究依然较为片面，尤其是基于各省市客观情况，综合参考资源消耗、环境污染等因素的研究不多，我国战略性新兴产业正逐步由单一产业向多产业联动发展转变，在发展过程中已经将资源和环境因素放在首要位置。因此，通过科学构建我国战略性新兴产业的理论分析框架，探讨在当前资源和环境约束下我国战略性新兴产业的发展路径和动力机制，对促进我国战略性新兴产业发展有着极为重要的理论意义。

从实践意义上来说，战略性新兴产业对未来国民经济的发展具有重要影响，决定了当前和今后经济发展的方向和水平，是经济发展的重要支柱，是我国经济未来高质量发展的核心推动力。准确测度战略性新兴产业的环境效率，精准分析战略性新兴产业的发展路径将有利于实现国家和地区的经济发展，以及推动产业结构优化升级，保持产品走向高端化和科技化，实现国民经济发展同资源、环境的协调发展。这是研究战略性新兴产业环境效率的实践意义。

1.2 研究内容与目标

1.2.1 研究内容

本书是对我国战略性新兴产业的环境效率进行的研究。第一，在分析战略性新兴产业内涵和特征的基础上，通过对战略性新兴产业进行科学测度，分析战略性新兴产业的变化趋势和不同省份战略性新兴产业的差异情况，对我国战略性新兴产业的发展趋势进行综合测度研究。第二，从宏观、中观、微观角度分析战略性新兴产业发展的影响因素，构建 Tobit 模型进行实证研究。第三，对战略性新兴产业的动力主体的合作机制开展分析研究，并对战略性新兴产业环境效率动力主体合作进行演化博弈分析，进而开展数值实验与模拟仿真。第四，以江西省为例，探究战略性新兴产业的实践路径。第五，基于以上实证结果，针对如何提升我国战略性新兴产业的环境效率提出了相应的政策建议。

第 1 章主要是介绍本书的研究背景及意义、研究内容与目标、研究方法与技术路线、创新之处与研究展望。在我国积极寻求高质量发展的进程中，研究战略性新兴产业环境效率是一个具有重要时代意义和价值的命题，有助于有效地指引我国构建一个环境污染低、资源消耗少的产业发展模式，推动产业结构不断优化升级。研究这一主题无论在理论上还是实践中都有十分重要的意义，因此对战略性新兴产业环境效率进行深入研究是有必要的。在这一章中本书将对战略性新兴产业环境效率的研究方法进行介绍，如文献追溯法、数理建模法等，明确本书研究的独特之处。

第 2 章主要是对与本书研究相关的文献与理论基础进行总结梳理，明确当前对战略性新兴产业研究的情况，对已有研究进行综合评述，并介绍本书的创新之处。本章分别从战略性新兴产业相关研究、环境效率研究以及提升战略性新兴产业环境效率相关研究三方面入手，对已有研究文献进行梳理与综合评述，进而着重突出本书的研究价值。并且总结了产业发展理论、资源配置优化理论以及竞合博弈理论。

第 3 章主要围绕战略性新兴产业的概念、发展背景、内涵、特征、范围等进行介绍，揭示战略性新兴产业发展的现状以及面临的挑战。本章明确指出战略性新兴产业具有两个层面的内涵，即该产业必须基于战略性、新兴这两个特征。总的来说，战略性新兴产业是指基于重大技术突破的、立足于当前世界科技和低碳经济发展的产业，它具有广阔的市场空间和发展潜力，可以带动一些关键产业的崛起，关系到国民经济的长远发展，对国家产业结构的优化升级具有战略性的指导作用。战略性新兴产业将成为支柱产业和主导产业的一种发展业态形式，具有全局性、导向性、创新性、长远性、成长性、前沿性等特征。本章分别从科技研发、国际竞争实力以及发展模式三方面大致探讨了战略性新兴产业的发展现状，从战略性新兴产业的动态演进、战略性新兴产业的空间分布格局以及战略性新兴产业与环境质量相关性方面进行细致分析，总体来说发展态势良好，但也面临着诸多挑战，如可持续发展困境、战略性新兴产业与生态环境的融合困境等。

第4章首先介绍了战略性新兴产业环境效率的内涵与特征，并运用SBM模型对我国各产业、各省份战略性新兴产业环境效率进行测度及对时空分异特征进行分析，特别是对我国战略性新兴产业环境全要素生产率的演化收敛进行分析，明确指出战略性新兴产业的环境效率是一个既包含好产出又包含坏产出的生产可能集。这个生产可能集是为实现资源节约、环境保护、经济发展的目标而采用的全部方法、活动、手段的可能性集合。对生产部门而言，环境效率是在考虑环境污染因素时，要素投入既定情况下，实现正的产出最大化和负的产出（环境污染）最小化的结合。其次，对战略性新兴产业环境效率的测度方法、指标选取以及数据进行相关的介绍说明。从细分后的七大战略性新兴产业以及分省市来测算战略性新兴产业环境效率，并对战略性新兴产业环境效率的收敛性与特征进行分析，得出当前我国各战略性新兴产业、各省市战略性新兴产业环境效率的时空分异特征以及我国战略性新兴产业环境全要素生产率的演化收敛状况。

第5章主要从宏观、中观、微观角度分析战略性新兴产业环境效率的影响因素，并构建Tobit模型进行实证研究，探索不同因素对环境效率的影响程度，通过判断各因素作用程度的强弱进一步分析其关键影响因素。本书主要是通过划分产业来逐个确定我国战略性新兴产业环境效率的影响因素，对七大产业分别度量分析影响我国战略性新兴产业环境效率的因素，明确各影响因素之间的关联，深入探讨战略性新兴产业发展的关键因子，并从省级和国家级两个口径度量分析。然后对战略性新兴产业环境效率影响因素进行实证分析，采用固定面板数据模型、GMM模型对影响我国战略性新兴产业环境效率的关键因素进行回归分析，探讨它们之间的影响系数。最终得出产业结构合理化、第三产业产值占比、环境规制以及环境执法的公正廉洁程度等因素会对战略性新兴产业环境效率产生重要影响。

第6章主要是对战略性新兴产业环境效率提升进行的机制设计。首先明确战略性新兴产业环境效率动力主体关系，其次对战略性新兴产业环境效率动力主体合作进行演化博弈分析，最后开展数值实验与模拟仿真。本章将影响战略性新兴产业环境效率的动力主体归纳为政府、企业和社会监督者三大类；将第5章中得出的影响战略性新兴产业环境效率的十大因素分类，具体分为企业市场利润、科研院所的溢出效应以及FDI的溢出效应/阻滞效应等8个指标，详细说明这些指标通过影响企业、政府部门和社会监督者的收益和成本，从而对企业、政府和社会监督者的行为决策产生影响，进而影响战略性新兴产业的环境效率。本书通过研究政府、企业和社会监督者对战略性新兴产业环境效率的作用机理得出：政府规制是战略性新兴产业环境效率提升的主要推力；战略性新兴产业环境效率提升的基本动力来源于企业的绿色创新；社会监督者的舆论监督是环境效率提升的重要拉力。首先明确战略性新兴产业环境效率的动力主体间关系，再对这三类动力主体开展各动力主体间合作的动态博弈分析并通过 Maltab 工具对（创新，监管）均衡状态进行数值模拟仿真，总结出今后在战略性新兴产业发展实践中，应该从哪些途径来改进、提升战略性新兴产业的环境效率。

第 7 章主要为提升战略性新兴产业环境效率的实践，以江西省为例对战略性新兴产业环境效率的实践路径进行案例分析。本章介绍了江西省战略性新兴产业发展现状和环境效率现状。对江西省战略性新兴产业发展进行 SWOT 分析，明确江西省战略性新兴产业发展的目标愿景，解读战略性新兴产业发展趋势及技术前景，对江西省战略性新兴产业发展战略选择进行分析，利用模型对江西省战略性新兴产业环境效率进行测度和分析，最后总结了江西省提升战略性新兴产业环境效率的具体实施路径和实践保障措施。

第 8 章主要对提升我国战略性新兴产业环境效率的前提条件以及政策建议开展研究，并对前面章节的研究结论进行简要总结。本章明确了战略性新兴产业环境效率提升的前提条件，主要从基于生产要素集聚的推动作用、基于企业微观层面的能动作用、基于产业中观层面的支持作用和基于政府宏观层面的引导作用这四个层面来剖析提升战略性新兴产业环境效率的前提条件。结合前面章节的分析结果以及我国战略性新兴产业的发展，最后从完善创新系统、强化环境规制、优化产业结构等七个方面提出提升战略性新兴产业环境效率的针对性政策建议。

1.2.2 研究目标

本书是围绕我国战略性新兴产业环境效率展开研究的，最终目标是为了促进我国战略性新兴产业环境效率实现进一步提升，实现我国总体高质量发展，实现国民经济同资源、环境的可持续发展。

（1）本书旨在研究我国战略性新兴产业的发展现状以及面临的困境与挑战，清楚界定我国战略性新兴产业的内涵与特征，明确当前战略性新兴产业发展的进程，在空间上有无发展、是否平衡发展等问题，在今后的发展过程中，又将面临什么挑战。

（2）明晰战略性新兴产业环境效率的基本内涵以及主要外延，通过采用恰当的测度方法、选取合适的指标来测度我国战略性新兴产业环境效率，让我们从科学的层面回答如何评价、衡量战略性新兴产业发展水平，科学考察战略性新兴产业资源环境效率的情况。

（3）明确有哪些关键性的因素会影响我国战略性新兴产业环境效率水平，以便我们对战略性新兴产业环境效率进一步改进提升提出更有针对性的对策建议。

（4）通过对战略性新兴产业环境效率的路径进一步研究，以期在战略性产业发展实践中，不断提升其环境效率。从微观主体的角度分析各个因素如何通过影响战略性新兴产业的动力主体决策从而使得环境效率提升，以及动力主体间如何建立起合作机制共同促进环境效率提升，进而得出企业、政府和社会监督者应该怎么做才能促使战略性新兴产业环境效率有效提升。

（5）以江西省为例来分析战略性新兴产业发展的现实实践路径，明确江西省在发展战略性新兴产业发展时面临的内外部环境以及未来的发展愿景，分析江西省战略性新兴产业的发展状况和为保障全省战略性新兴产业发展目标的实现及战略的实施，提出江西十大战略性新兴产业实施步骤和保障措施，同时也给我国其他地区战略性新兴产业发展提供一定的借鉴参考。

（6）通过揭示战略性新兴产业环境效率提升的前提条件，为我国战略性新兴产业环境效率的改进提出有针对性的对策建议，制定提升我国战略性新兴产业环境效率的举措，以促进我国战略性新兴产业可持续发展，促使我国经济科学、集约化增长，实现高质量发展。

1.3 研究方法与技术路线

1.3.1 研究方法

在已有研究的基础上，本书进一步将资本、人力、环境和产业增长放到统一的战略性新兴产业分析框架中，探索在环境约束下，如何进一步降低环境污染等“非期望产出”，提高经济增长等“期望产出”。本书将一般投入、期望产出和非期望产出的 SBM 方向性距离函数对我国战略性新兴产业的环境效率进行测算；通过 GML 模型对全要素生产率进行分解测算；构建面板 Tobit 模型进行影响因素实证研究；运用演化博弈理论对战略性新兴产业环境效率动力主体间的合作机制展开分析；最后从宏观、中观、微观角度对提升我国战略性新兴产业环境效率进行政策探讨。

本书所采用的主要研究方法如下：

（1）文献追溯法。在中国知网、Web of Science 等国内外权威数据库中大量检索战略性新兴产业、环境效率测度、战略性新兴产业影响因素以及驱动力机制的相关文献。通过对相关文献进行整理和对比分析，了解前人研究的局限性；并重点将资源和环境因素纳入战略性新兴产业的定位研究中，找出研究的突破口和创新点。

（2）定性分析与定量分析相结合。对战略性新兴产业进行数理测算，将各省份数据纳入模型中测算，同时探索其作用机理和路径，运用博弈理论探索促进战略性新兴产业发展的动力机制。

（3）政策分析法。在定性和定量分析的基础上，从多个角度提出推动战略性新兴产业发展的政策建议，推动战略性新兴产业更好地在各省份“落地生根”。

（4）数理建模方法。通过构建 Malmquist 指数模型和 SBM 模型分析我国战略性新兴产业的环境效率，通过灰度分析、统计分析明确战略性新兴产业的关键影响因素。

（5）实证分析方法。构建基于 SBM 方向性距离函数的 ML 指数方法对我国战略性新兴产业的关键影响因素进行实证回归分析。

（6）案例分析法。本书以江西省为例分析战略性新兴产业发展的实践路径，据此具体说明战略性新兴产业发展战略的实施过程，同时也为其他地区战略性新兴产业的发展提供对照参考。

1.3.2 技术路线

本书遵循“依托现实问题—建立理论模型—展开实证研究—进行案例实践分析—提出政策建议”的思路原则来展开叙述。本书的技术路线如图 1.1 所示。

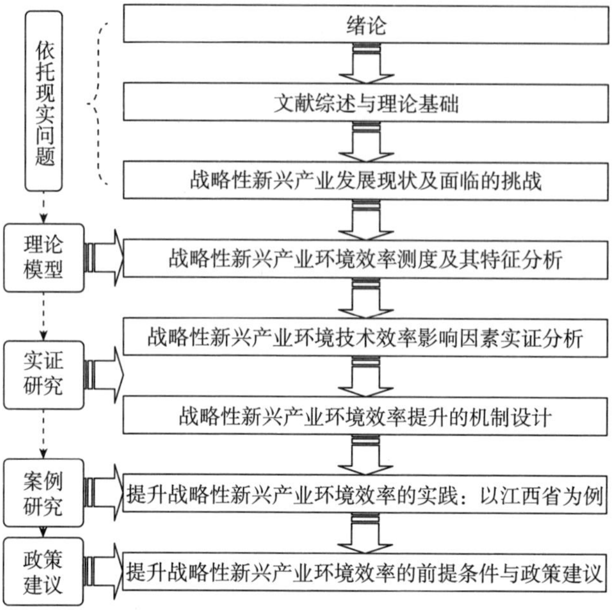

图 1.1　本书的技术路线

1.4　创新之处与研究展望

1.4.1　创新之处

（1）从研究范围来看，深入细致分析七大战略性新兴产业的环境效率。

（2）从研究方法上，创新性地构建 ML 指数和 SBM 模型开展测度分析。

（3）基于面板模型探讨影响战略性新兴产业的关键指标因子。

（4）将江西作为案例省份，开展“落地”型研究，以期提出提升我国战略性新兴产业发展的对策。

1.4.2　研究展望

虽然本书对战略性新兴产业发展现状及所面临的问题、战略性新兴产业环境效率测度指标构建及其典型特征、战略性新兴产业环境效率的影响因素、提升战略性新兴产业环境效率的机制设计以及战略性新兴产业的实施路径、实现条件进行了深入研究，并就如何进一步提升战略性新兴产业环境效率提出了诸多有益的建议，但尚有一些问题有待进一步深入研究。

（1）借助当前高质量经济发展要求之契机，各地区如何有效地基于当地相对比较优势合理选择所应重点发展的战略性新兴产业，又该采取何种相应的激励政策以有效扶持地区战略性新兴产业的快速发展?

（2）随着世界技术创新水平的提升以及我国科学技术不断逼近世界先进技术前沿，战略性新兴产业的快速发展内生要求原创性技术创新能力水平的提升。那么，基于不同战略性新兴产业发展的异质性特征，该如何有效纠正我国普遍面临的资源错配给战略性新兴产业发展所带来的不利影响?又该设计何种更切实可行的激励机制以实现我国战略性新兴产业的技术赶超呢?

2 文献综述与理论基础

2.1 文献综述

在充分检索和分析了国内外各类相关文献资料后，本书依次介绍了战略性新兴产业的相关研究现状、环境效率的相关研究现状以及提升战略性新兴产业环境效率的相关研究现状。其中，环境效率的研究主要从环境效率的测度、环境全要素生产率、收敛性分析和影响因素四方面展开论述。通过对以上三方面研究现状进行总结和评价，本书认为在提升战略性新兴产业环境效率方面还存在完善的空间。

2.1.1 战略性新兴产业研究现状

2009 年 9 月，时任国务院总理温家宝首次提出战略性新兴产业这一名词。因此战略性新兴产业的研究成为学术界的热点，到目前为止，对“战略性新兴产业”概念学术界并没有形成统一的观点，而是在研究中不断地完善和深化。国外学者对于中国所提出的战略性新兴产业的研究主要集中在战略性产业和新兴产业的概念、内涵等方面。美国经济学家赫希曼最早对战略性产业进行投入和产出的研究，并将与之形成的经济体系称为“战略部门”。Teece（1991）研究指出，战略性产业表现出来的规模经济和范围经济、学习型经济和网络经济等特性使它更具有市场竞争力。对于新兴产业，学者都有自己的定义（Porter，1996；Low，

1997；McGahan，2004；Agarwal，2004）。其中，Kesting（2010）认为，新兴产业是指那些新发展起来的行业或者是现有产业经过一段时间的调整后重新出现的行业。Blank（2008）认为，新兴产业存在着诸多不确定性，且在市场中没有规律和经验可循，只能自己在摸索中不断成长。国外对于战略性新兴产业除理论研究外，在实践上，美国在 2006 年开始注重对高新技术的财政投入和研发，同时签署和颁布了一系列的法案和计划，比如 2006 年出台的《美国竞争力计划》①、2007 年的《竞争法案》和 2009 年出台的《美国创新战略驱动可持续增长和高质量就业》等。欧盟也提出一系列的计划，如风能、太阳能、生物能启动计划。日本政府颁布《日本创新战略 2050》及数字日本创新计划。德国开展技术运动，在能源、生物、纳米等高新产业进行重点突破。英国实施创新与研究战略，在制造业技术、纳米技术、生命科学和数字技术领域进行重点突破。时至今日，各国在战略性新兴产业上也取得了丰硕的成果。

相比国外而言，国内学者对于战略性新兴产业的研究比较深入。国内的研究主要集中在战略性新兴产业的界定、与传统产业之间的相互作用关系、商业模式、金融支持和体制机制创新等方面。从中国知网（CSSCI）收录的文献来看，数量在不断增加，由此也可以看出学者对于战略性新兴产业的研究热度在不断上升，研究的深度和广度在不断扩大。关于战略性新兴产业内涵的界定，学者们基于自身对战略性新兴产业的理解和认识进行定义，并没有形成统一的定论（李晓华、吕铁，2010②；宋河发等，2010③；李金华，2011；贺正楚、张蜜，2011④；万航，2012；孙国民，2014）。其中，李晓华、吕铁（2010）研究指出，战略性新兴产业是对我国经济发展具有重大战略意义的新兴产业，具有战略性、正外部性、不确定性和复杂性的基本特征。李金华（2011）认为，战略性新兴产业是以

① 《美国竞争力计划》：2006 年 1 月 31 日，由美国总统布什在其国情咨文中公布，提出知识经济时代的教育目标之一是培养具有 STEM 素养的人才，并称其为全球竞争力的关键，要加大教育人才的投入等。

② 李晓华，吕铁．战略性新兴产业的特征与政策导向研究［J］．宏观经济研究，2010（9）：20－26.

③ 宋河发，万劲波，任中保．我国战略性新兴产业内涵特征、产业选择与发展政策研究［J］．科技促进发展，2010（9）：7－14.

④ 贺正楚，张蜜．战略性新兴产业的评价指标体系研究——基于几类产业内涵和特征比较的视角［J］．学海，2011（6）：70－75.

重大技术突破和发展需求为基础，对国家的经济全局发展、长远运行都具有重大的引领和带动作用，也是知识技术密集型、所需物质资源消耗少、有巨大的成长潜力和良好综合效益的产业，同时还应具备战略性与全局性、前瞻性与新兴性等特征。贺正楚、张蜜（2011）认为，战略性新兴产业是在一定时期内以技术进步的重大突破为前提条件，以新兴技术和新兴产业的深入融合为基础，能够引导社会新的需求、带动产业结构的优化升级、促进经济发展方式的转变，对国家或各地区综合实力和社会进步具有十分重要影响的主导产业或支柱产业，具有产业倍增性、产业关联性、产业长远性和产业导向性四个基本特征。万航（2012）认为，在界定战略性新兴产业的内涵时需考虑两方面的内容：第一，战略性新兴产业涉及国家的发展战略，是确保国家竞争力持续提升的重要产业；第二，战略性新兴产业必须是新兴产业，可以是原有产业升级以后的产业，也可以是一个全新的产业。虽然各个学者对战略性新兴产业的基本内涵和特征界定各有自己的看法，但总体上明确了战略性新兴产业的发展内涵，也进行了科学的界定和分析。总体上来说，战略性新兴产业就是以国家重点技术突破和科技创新的需求为出发点，对经济发展、产业建设具有长远指导意义的重点产业，同时是知识技术密集、物质资源消耗少、成长潜力大、综合效益好的产业。在战略性新兴产业范围划分上，大多数学者将其划分为七个产业，如刘玉忠（2011）将战略性新兴产业分为新材料、新能源、医药产业、生物产业、信息网络产业、新能源汽车产业和节能环保产业，也有少数学者将其划分为更多的产业，但是在七大产业基础上再进行细分，总体上说还是归类为七大产业。国内学者也基于不同视角对战略性新兴产业的发展路径展开了深入的研究和探索（刘美平，2011；姜涛，2012；张银银、邓玲，2013；姜霞、姜平，2013①；武建龙，王宏起，2014）。刘美平（2011）指出，从战略性新兴产业技术创新路径的角度出发，通过对战略性新兴产业技术创新的制约因素进行分析，提出了技术创新路径的共生模式。这一模式可以将自组织创新、次生模仿创新、集合原生创新整合到最佳的技术创新状态，进而推动战略性新兴产业实现又好又快发展。姜涛（2012）主要是从产业结构演变的视角出发，提出要建立完善“科研—标准—产业”同步发展的战略性新兴

① 姜霞，姜平．深圳市战略性新兴产业发展条件及路径研究［J］．商业时代，2013（1）：126－128.

产业发展模式。张银银、邓玲（2013）主要站在创新的角度，坚持以创新驱动传统产业向战略性新兴产业转型升级，具体而言，可以通过选择适合的创新形式培育壮大新型产品及业务，将创新链与传统产业链有效融合，集聚创新要素来推进传统产业集群向战略性新兴产业集群转变。武建龙、王宏起（2014）则是基于模块化的视角，来分析战略性新兴产业技术创新特征以及实现重大技术突破所需的动力和面临的阻力，将理论分析与案例论证相结合，系统地构建战略性新兴产业突破性技术的创新路径，提出外围模块高端渗透路径、架构规则颠覆重构路径、关键模块重点突破路径和模块—架构耦合升级路径等。总之，众多学者普遍认为，创新驱动传统产业向战略性新兴产业转型升级的路径实现需要选择适合的创新形式以培育壮大新兴产品及业务，通过创新链与传统产业链的有效融合，集聚发展要素，进而推动传统产业集群向战略性新兴产业集群转变。也有学者关注技术创新（武建龙、王宏起，2014）、内外部环境建设和人才培养（李姝，2012）①、产业集群协同发展（王欢芳、李密，2016）② 等发展路径。

从战略性新兴产业与传统产业的相互作用上看，两者的相互作用是近几年来国内外学者高度关注的问题。陆立军、于斌斌（2012）认为，传统产业和战略性新兴产业是相互独立的，传统产业到战略性新兴产业是相互协调、逐步发展的过程。高新技术的发展需要坚持高新技术产业化和传统产业高技术化两大步协调发展，同时应该把后者放在首位（辜胜阻、李永周，2001③；厉以宁，2005）。厉以宁（2005）指出，信息化是一个趋势，但是信息化是不能代替工业化的，信息化只是带动工业化，信息行业（IT 行业）应该与传统产业结合起来，把信息化的那些研究成果运用到传统产业中去，以帮助传统产业升级。这样的一个新型工业化道路将是信息化带动工业化的道路。孙军、高彦彦（2012）和林学军（2012）指出，传统产业可以升级为战略性新兴产业，两者可以相互融合和支持，螺旋式上升，实现跨越式发展。国外学者 Porter（2002）认为，在发展中国家，传统产业是经济发展的关键，高新技术产业应借助传统产业，以高新技术为导向，促进产业健康发展。

① 李姝．中国战略性新兴产业发展思路与对策［J］．宏观经济研究，2012（2）：50－55.

② 王欢芳，李密．促进战略性新兴产业集群协同发展［J］．宏观经济管理，2016（7）：65－67.

③ 辜胜阻，李永周．论高技术产业的机制创新［J］．经济评论，2001（6）：41－43.

另一个研究方向主要是关注促进我国战略性新兴产业发展的因素分析。一是国家创新资金补贴视角。Wang 和 Liu（2013）通过模型分析出补贴政策对传统产业和新兴产业的影响，研究发现，生产补贴对新兴产业影响更显著，研发能够实现产业的规模化。进一步研究，Xiao 和 Jiang（2013）将战略性新兴产业中的企业分为传统的转型企业和新生企业。使用 2006～2011 年 103 家战略性新兴产业上市公司的数据，对进入时机和公司规模对研发投入的影响进行了实证分析。研究表明，在同一时间点进入的新生企业，研发投入对企业创新更显著。战略性新兴产业的发展得到了各级政府的广泛支持，补贴政策贯穿整个过程。Wu 和 Liu（2014）通过研究不同的补贴模式对战略性新兴产业创新的影响机制，指出政府应该改变现有定额补贴模式，引进比率补贴模式，促进战略性新兴产业创新发展。二是金融支持政策视角。金融支持在培育战略性新兴产业方面发挥着核心和基础性的作用，进而推动我国经济社会的可持续发展。Zhai（2012）① 使用来自 7 个战略性新兴产业的 112 家上市公司 2009～2011 年 DEA 效率测量表，通过测量发现，与 2010 年和 2009 年相比，2011 年的平均总效率、纯技术效率和规模效率都在增长，节能环保、新能源、新材料和 IT 行业的股权融资效率有所提高，生物和新能源汽车产业的股权融资效率则略有下降，高端技术装备产业的股权融资效率处于较高水平的稳定状态。通过 Logit 模型检验，发现公司上市有利于战略性新兴产业的价值最大化，但债务融资行为对金融支持效率产生了负面影响。根据对上海 15 家商业银行的调查，Chen（2013）发现，银行业已加强了对战略性新兴产业的金融创新，并采取了一系列措施规避风险。然而，银行内部信贷流程管理和战略性新兴产业发展之间存在结构性冲突，创新产品的应用和传播缺乏政府部门的政策支持，创新型商业模式的普及缺乏协调保障机构，在支持战略性新兴产业发展方面仍存在一些问题。三是产业政策视角。Liu 和 Dong（2011）讨论了如何使发达国家的产业政策经验在中国战略性新兴产业的发展中发挥积极作用。他们认为，产业政策应注重市场培育、科技创新、合理分配等。Li 和 Chen（2012）比较了世界主要发达国家在战略布局和支持新兴产业中的不同点，分析了中国主要省份在战略性新兴产业选择中的相似与差异。提出了战略性新兴产业

---

① Zhai H. Y. Research on efficiency of the financial support of listed companies in strategic emerging industries [J]. Securities Market Herald, 2012 (11): 20-25.

发展的双螺旋模型和配套政策体系钻石模型。

以上研究表明，战略性新兴产业近年来备受国内外学者的关注，研究战略性新兴产业具有国家战略性意义。

2.1.2 环境效率的研究现状

2.1.2.1 环境生产率的测度研究

关于环境生产率的测度研究，Richter（1966）① 最早采用 Laspeyres 指数公式估计全要素生产率，Caves 等（1982）第一次引入 Malmquist 指数来测度生产效率，Fare 等（1989）应用 Malmquist 指数对国家间的生产效率进行了测度。Hu 和 Wang（2006）最早采用规模报酬不变（CRS）的 DEA 模型。

近年来，学者们在环境效率方面进行了多方面的探索。Cooper 等（1997）通过总结 100 多项大气污染方面的数据进行研究。美国耶鲁环境法律和政策中心建立了环境绩效指数（EPI），其主要目标是：①减少环境对人类健康的压力；②促进生态系统活力和健全自然资源管理（Esty 等，2006）②。大多数 EPI 指标不能全面反映环境特征，同时这些指标存在一定的主观性。为此，专家学者们试图探索能够构建综合的 EPI 指标体系的方法。Diaz - Balteiro 和 Romero（2004）提出了一个可持续性指数，用多重标准决策方法评估自然系统，可持续性指数可用来平衡或折中平衡可持续性和工程解决方案的总体可持续性。然而，随着生产效率理论的重要性越发突出，EPI 值可以通过计算环境效率直接获得（Zhou 等，2007）③。Pittman（1983）首先提出了生产效率测量方法，但却受到污染物价格或影子价格难以测量的限制。

为了衡量环境绩效，许多学者通过构建数据包络分析（DEA）模型的方法来进行。Zhou 等（2008）通过调查三个 8 年期间的文献提出了一个在能源和环境评估领域应用 DEA 模型的观点：1983 ~ 1990 年、1991 ~ 1998 年和 1999 ~ 2006 年。结果表明，越来越多的研究人员集中在基础设施建设、环境绩效和能源效率

---

① Richter M. K. Revealed preference theory [J]. Econometrica (pre - 1986), 1966, 34 (3): 635.

② Esty D. C., Levy M. A., Srebotnjak T, et al. Pilot 2006 environmental performance index [M]. New Haven: Yale Center for Environmental Law & Policy, 2006.

③ Zhou P., Poh K. L., Ang B. W. A non - radial DEA approach to measuring environmental performance [J]. European Journal of Operational Research, 2007, 178 (1): 1 - 9.

等方面的建模，已经提出并应用各种 DEA 模型来测量环境性能。Zhou 等（2006）通过 DEA 技术基于松弛的效率方法和通过测量 CO_2 排放量构建模型来模拟环境绩效。Munksgaard 等（2007）提出了一个基于 DEA 的环境绩效指数，同时考虑环境损害成本的影响。Zhang 等（2008）使用中国工业系统的真实数据进行了生态系统的可持续性分析，提出了一个新的 DEA 模型。Førsund（2008）将物质平衡原理引入环境效率评价领域，并检验了补充的投入分类法，以衡量不良残差和预期产出的影响。Murty 等（2012）提出了一种采用两种子技术的方法，以考虑对不良产出的高成本处置性和对良好产出的自由处置性。Wang 等（2013）通过在模型中加入期望的和不期望的输出来改进传统的 DEA 方法，并且采用窗口分析技术来分析横截面和时变数据。Sue Yoshi 等提出了管理可处置性的假设，并通过使用 DEA 方法评估了这种假设下的统一效率和环境效率。为了探讨随机因素对环境效率的影响，Jin 等（2014）建立了一个随机的环境 DEA 模型。利用 DEA 方法和 Malmquist 生产力指数，Woo 等（2015）从静态和动态两个角度审查了 31 个经合组织国家的可再生能源的环境效率。目前的趋势是，越来越多的研究使用改进的基于 slacks – based 的 DEA 模型评估环境效率，其中，包含了不可取的输出变量（Chang 等，2013①；Chang 等，2014②；Song 等，2014；Song 等，2013）。

基于 DEA 的环境绩效测度的特殊性，可将它的输出分为所需（良好）输出和不期望（坏）输出。对在模型中模拟不想要的输出的研究可以分为三个流（Song 等，2012）：第一个流将不期望的输出作为输入（Dyckhoff & Allen，2001）。第二个流转换不期望的输出的数据，然后通过对转换的数据使用 DEA 模型来评估环境效率（Golany & Roll，1989；Koopmans，1951；Scheel，2001；Seiford & Zhu，2002）。第三个流在构建 DEA 模型时考虑了生产技术的可处置性（Chen & Delmas，2012③；Fare 等，1989）。

① Chang Y. T., Zhang N., Danao D., et al. Environmental efficiency analysis of transportation system in China: A non – radial DEA approach [J]. Energy Policy, 2013 (58): 277 – 283.

② Chang Y. T., Park H., Jeong J., et al. Evaluating economic and environmental efficiency of global airlines: A SBM – DEA approach [J]. Transportation Research Part D: Transport and Environment, 2014 (27): 46 – 50.

③ Chen C. M., Delmas M. A. Measuring eco – inefficiency: A new frontier approach [J]. Operations Research, 2012, 60 (5): 1064 – 1079.

许多学者还进一步对 DEA 模型中不期望的产出进行建模研究。例如，Sue Yoshi 和 Goto 深入探讨了对于期望产出的两个规模回报的测量，以及对具有范围调整测量的不期望产出的规模损害；进一步分别讨论了运行和环境绩效，然后将两个绩效指标合并为一个统一的指标（Sue Yoshi & Goto，2010，2011a，2011b，2012a，2012b，2012c，2012d）。Sahoo 等（2011）和 Sue Yoshi 等（2013）尝试基于弱和强的可置性方法生成所有可能的面向产出的环境效率措施，并提出了两个基于 slacks – based 的环境效率公式。

在环境效率评价研究领域，现有文献研究已经广泛讨论了当期望的和不期望的输出同时存在的效率测量。然而，很少有研究考虑了生产技术的随机性质（Serra 等，2014）。现有效率研究中的非随机技术假设可能存在严重偏差（O' Donnell等，2010）。最近，学者通过分析不确定性特征，在许多生产活动中研究了期望的和不期望的产出生产技术。Chambers 和 Quiggin（1998）首先应用偶然状态的方法来研究随机技术的生产不确定性。而状态转换方法主要是基于这样一种考虑，即在不确定性条件下的生产可以通过不同的输出集合以及基于它们所属的自然状态的相应输入来表示（Chambers & Quiggin，2000）。

O' Donnell 和 Griffiths（2006）采用状态依赖方法通过区分不同的自然状态降雨量来估计生产函数。Chavas（2008）通过定义二维状态空间来估计随机技术的成本函数。Chambers 等（2015）使用调查引出的事前产出开发了一种状态转换技术。Serra 和 Lansink（2014）通过把秩序效率得分扩展到状态转换框架研究了农业技术效率的风险影响。到目前为止，状态转换方法在效率分析中没有被经验地广泛采用。在进一步研究中，学者们主要集中于建模两阶段生产过程研究，Wu 等（2016）通过一种加权的两阶段 DEA 模型评估了具有不期望中间体的两阶段系统效率。为了将 DEA 技术与组织行为研究相结合，决策者的主观兴趣偏好在他们的效率评估模型中也被考虑。当前对环境约束下我国战略性新兴产业环境效率测度的研究文献较少，特别是通过建立基于非径向 SBM 函数的 ML 指数，构建面板模型来研究战略性新兴产业的环境效率和关键影响因素。

工业环境效率测度一直也是学术界高度关注的热点，学者们一般是通过构建方向性环境距离函数，然后运用数据包络（DEA）模型和 SBM 模型展开实证研究以进行测度（Tone，2004；涂正革等，2009、2011[①]；王兵等，2010、2011[②]；庞瑞芝等，2011）。涂正革、肖耿（2009）根据1998～2005年我国30个省份规模以上工业企业投入、产出和污染排放的数据，构建了环境生产前沿函数模型来解析中国工业增长的源泉，特别是环境管制以及产业环境结构变化对工业增长模式转变的影响。结果表明，总体上来说，对产业环境结构进行优化和环境全要素生产率的提高，转变了工业增长模式，环境约束对经济增长的抑制效应呈逐渐减低态势。庞瑞芝等（2011）利用了1998～2009年中国30个省市工业部门的面板数据和数据包络分析方法，从工业生产的全要素能源效率视角对转型期间中国工业增长模式进行了初步的分析与探讨，结果发现，30个省份的工业化模式可以分为四类，分别为集约增长型、粗放增长型、高效增长型以及低效增长型，并着重对粗放增长型和低效增长型地区提出了四种工业化提升路径。虽然目前已有文献研究考虑到了环境约束的条件，但是学者们所使用的方法却还是基于传统的DEA方法，这一方法无法解决“黑箱”问题，随着研究方法的改进，Fare（1991）、Fare和Grosskopf（1996）通过提出网络DEA模型有效解决了“黑箱”问题。但涂正革（2013）通过利用我国工业省级面板数据分析了传统方法测度环境效率的不足，结果发现，传统DEA方法测度的环境效率（ETE）与网络DEA方法测度的ETE存在显著差异，由此造成一些省份工业发展不均衡，同时对政府制定政策产生偏差。汪成（2015）进一步对我国工业环境效率进行收敛分析，发现工业高新技术水平存在“马太效应”，工业环境水平具有显著的区域正向效应，且存在一定的示范影响效应，同时对外贸易水平、开放程度等因素对不同区域的环境效率也具有不同程度的影响。

农业环境效率以单一资源约束和资源环境双重约束条件为研究主线，运用非径向SBM方向性距离函数，将环境污染变量纳入中国农业技术效率的评价体系中（李谷成等，2011）。但是在测度农业环境效率时，我们主观上假定所考察的地区具有相似的技术边界，因此导致测度上存在差异。为此学者开始采用Hayami（1969）提出的共同生产函数进行农业环境效率测度，也有学者将该方法运用

① 涂正革，刘磊珂．考虑能源、环境因素的中国工业效率评价——基于SBM模型的省级数据分析［J］．经济评论，2011（2）：55－65.

② 王兵，张技辉，张华．环境约束下中国省际全要素能源效率实证研究［J］．经济评论，2011（4）：31－43.

到工业环境效率测度中（王群伟等，2010①；刘玉海、武鹏，2011②）。王群伟、周德群、陈洪涛（2010）利用非参数的DEA－Malmquist生产率指数法将广义技术进步分解为科技进步和技术效率两个部分，而后采用更具小样本特性的自回归分布滞后方法（Auto Regressive Distributed Lag，ARDL）来检验二者与能源利用效率间的关系，最后采用脉冲响应函数分析了科技进步和技术效率对能源效率冲击的时滞区间和作用效果。刘玉海、武鹏（2011）则采用SBM－Undesirable模型和Meta－frontier生产函数的综合分析框架，在能源消耗与二氧化碳排放的双重约束条件下，测算了亚太经合组织（APEC）17个成员在1980～2007年的经济增长效率，并对双重约束下经济增长效率的影响因素进行了相应的计量检验，结果发现，除发展中国家群组外，发达国家群组以及东亚新兴经济体群组中有部分国家（和地区）在个别年份位于潜在最佳生产技术的共同边界上；各个群组的共同技术效率（MTE）和共同技术比率（MTR）平均值从高到低的排序依次为发达国家、东亚新兴经济体和发展中国家；人均GDP、人口密度、工业化水平、劳动力人均资本以及对外开放程度等因素对双重约束下APEC成员地区的共同技术效率都具有显著影响，但对三大群组技术效率的影响方向和影响程度则呈现出不尽相同的结果。但是前述学者还是没有考虑环境技术边界差异的潜在影响。沈能等（2013）基于拓展的SBM方向性距离函数和Meta－frontier效率函数估算了中国不同地区的农业环境效率，发现农业环境效率溢出显著及地区间环境技术水平存在明显差异。

在生物医药产业环境效率测度研究上，国内学者徐晔、周才华（2013）③采用方向性距离函数和Global Malmquist－Luenberger（GML）指数测算出了2003～2011年我国各地区生物医药产业环境技术效率，通过进一步与未考虑非期望产出的GML指数以及当期考虑非期望产出和未考虑非期望产出ML指数对比和收敛性分析发现，技术改进和效率改进对环境技术效率存在显著影响。

---

① 王群伟，周德群，周鹏．中国全要素二氧化碳排放绩效的区域差异——考虑非期望产出共同前沿函数的研究［J］．财贸经济，2010（9）：112－117.

② 刘玉海，武鹏．能源消耗、二氧化碳排放与APEC地区经济增长——基于SBM－Undesirable和Meta－frontier模型的实证研究［J］．经济评论，2011（6）：109－120，129.

③ 徐晔，周才华．我国生物医药产业环境技术效率测度区域比较研究［J］．江西财经大学学报，2013（5）：24－34.

在制造业方面，赵世勇、陈其广（2007）研究发现，当把产权从国有企业转移到私人企业时，企业的技术效率便会明显提升。Hossain 和 Karunaratne（2004）采用 SFA 方法，对孟加拉国制造业 25 个行业的技术效率进行测算，结果显示，R&D 投入与技术效率正相关。徐晔、周才华（2012）运用方向性距离函数测度了 2003～2010 年中国制造业环境技术效率，并在此基础上进一步分析了影响制造业环境技术效率的因素。研究发现，我国制造业环境技术水平较低，FDI 和规模效应对环境技术效率为负向影响，环境管制、产出水平以及 R&D 投入与环境技术效率正相关。

与此同时，国内学者也开始将研究方法进行改进，开始运用非径向方法，提升了模型结论的准确性。胡鞍钢、郑京海和高宇宁等（2008）在收集中国省级数据的基础上，利用以方向性距离函数为表述的全要素生产率模型，对我国省级生产率绩效度量中的“技术效率”指标在考虑环境因素的情况下进行重新排名，研究发现，文中所使用的模型既考虑了环境因素的影响，又继承了传统生产率分析技术的结构性和系统性框架，相对于目前流行的直观采用绿色 GDP 推算的方法有着更为广泛的应用前景。吴军（2009）则采用 Malmquist－Luenberger 指数将环境因素纳入全要素生产率（TFP）分析框架，测算并实证分析了环境约束下中国 1998～2007 年地区工业 TFP 增长及其成分，同时对其收敛性进行了检验。测算结果表明，环境约束下西部地区的工业 TFP 增长最快且波动幅度较大，中部地区增长最慢并且较为平稳，东部地区则介于二者之间；各地区的工业 TFP 增长均主要源自技术进步，且东部地区是推动环境技术创新的主要地区；通过收敛性分析则进一步表明东部和西部地区工业 TFP 存在俱乐部收敛现象，而中部地区只存在条件收敛。王兵、吴延瑞和颜鹏飞（2010）采用 SBM 方向性距离函数和卢恩伯格生产率指标测度了在考虑资源环境因素下 1998～2007 年中国 30 个省份的环境效率、环境全要素生产率及其成分，并对影响环境效率和环境全要素生产率增长的因素进行实证分析。研究结果发现，能源的过多使用以及 SO_2 和 COD 的过度排放是环境缺乏效率的主要来源，环境效率较高的省份都集中在东部地区，东部地区环境全要素生产率增长率平均都高于市场全要素生产率增长率，中西部地区无论是市场全要素生产率还是环境全要素生产率增长率均显著低于东部地区；资源环境因素对各省份全要素生产率的排名也有着显著的影响；人均 GRP、FDI、结构因素等对环境效率和环境全要素生产率都有不同程度的影响。可以看出，学者们都相继将环境因素纳入研究框架中，国内学者也采用类似方法对中国区域全要素生产率进行了测度分解（胡玉莹，2010；刘瑞翔、安同良，2012；齐亚伟，2013）。其中，胡玉莹（2010）采用处理非期望产出的 SBM 模型计算出了我国 2000 ~2007 年 30 个省份的碳环境技术效率，对能源消耗、二氧化碳以及经济可持续增长的状况进行了实证评价，进而尝试探究碳环境技术效率的关键影响因素。刘瑞翔、安同良（2012）通过结合 SBM 方向距离函数和 Luenberger 指数的特点，发展了一种新型的生产率指数构建与分解方法，对资源环境约束下 1995 ~ 2010 年中国经济增长绩效变化趋势与影响因素进行了实证分析，将资源环境纳入我国经济增长绩效的考核当中。齐亚伟（2013）利用 SBM 方向性距离函数和 Global Malmquist – Luenberger（GML）指数将能源与二氧化碳纳入全要素生产率测度与分解框架中，测算了 2001 ~2009 年我国各省市环境效率及环境全要素生产率的变动状况，将环境全要素生产率变动分解为规模效率变动、纯技术效率变动、纯技术进步和技术规模变动这 4 个因素，研究结果发现，环境无效率现象普遍存在，并且在省际间的分布差异比较大，环境全要素生产率的增长和省际差异分别来源于技术进步和规模效率，纯技术效率会出现不同程度的恶化。然而，已有这些研究中所采用的 Malmquist 生产率指数主要是根据两个当期指数的几何平均式得到，不同时期指数不具有循环和传递性，也无法科学计算得出不同时期之间的累积变化率。

2.1.2.2 环境效率的测度研究

随着资源环境的“天花板”效应凸显以及社会对经济发展带来的环境问题越发突出，政府和社会开始对经济发展、产业增长中的“非期望产出”给予了更多的关注，与此同时，越来越多的学者开始对非期望产出问题进行深入研究。Chung 等（1997）提出要将环境污染纳入分析中进行数据处理，特别是他提出要在方向性距离函数中将环境污染作为一种非期望产出纳入进行考虑。在此基础上，又有学者将研究转向非径向方法，Tone（2001）提出了基于 DEA 的方法将环境污染等非期望产出纳入 SBM 模型中进行分析。与此同时，在学习国外研究结果的基础上，国内学者开始从产业增长方面转向产业中的环境问题方面开展研究，同时越来越多学者开始运用模型并结合各地区实际情况开展实证分析研究，如胡鞍钢等（2008）① 对环境技术效率进行了系统研究，胡玉莹（2010）、齐亚伟（2013）则对全要素生产率开展了研究。

2.1.2.3　环境全要素生产率研究

近几年，学者主要是将环境约束纳入效率和生产率中，进而对中国经济进行实证研究（涂正革，2008；胡鞍钢等，2008；陈诗一，2009；岳书敬、刘富华，2009②；杨文举，2009③；吴军，2009；涂正革、肖耿，2009；陈茹等，2010）。陈诗一（2009）构建了中国工业 38 个二位数行业（我国国民经济行业分类中位于大类的行业）的投入产出面板数据库并采用超越对数分行业生产函数估算了中国工业全要素生产率的变化，同时对绿色增长进行了核算，研究结果发现，改革开放以来我国工业总体上都已经实现了以技术驱动为特征的集约型增长方式转变，能源和资本是除技术进步以外的主要驱动中国工业增长的源泉，劳动和排放的增长贡献较低，甚至为负值，但是一些能耗和污染排放高的行业仍然表现为粗放型增长，这就要求我国必须进一步提高节能减排的技术，最终实现中国工业的完全可持续发展。陈茹、王兵和卢金勇（2010）利用曼奎斯特—卢恩伯格生产率指数分别测度了 2000 ~2007 年东部工业在考虑 SO_2 排放和不考虑 SO_2 排放情况下的效率、生产率增长及其成分的增长率，并且估计了环境管制给企业带来的成本。研究结果发现，上海和广东都处于生产前沿，考虑 SO_2 排放后，生产率的增长率下降；天津的生产率增长、技术效率增长率和技术进步率都是最高；北京环境污染管制成本最高，废气治理投资、FDI 投入、环境管制成本、资本劳动比和国有企业比重对生产率增长都有着显著的影响。从上述分析可以看出，以往的研究中缺乏环境约束下的全要素生产率研究。

早期经济学家就提出以全要素生产率衡量经济增长，但是缺乏在资源环境约束条件下的考虑和实证分析，导致在衡量社会福利和经济增长上存在一点偏误，导致政策导向有所偏离。这种传统距离函数测度全要素生产率往往无法计算

① 胡鞍钢，郑京海，高宇宁，张宁，许海萍．考虑环境因素的省级技术效率排名（1999—2005）［J］．经济学（季刊），2008（3）：933 -960.

② 岳书敬，刘富华．环境约束下的经济增长效率及其影响因素［J］．数量经济技术经济研究，2009，26（5）：94 -106.

③ 杨文举．中国地区工业的动态环境绩效：基于 DEA 的经验分析［J］．数量经济技术经济研究，2009，26（6）：87 -98，114.

“坏”产出的大小，因此学者们开始在方向性距离函数的基础上提出 ML 生产率指数，从而解决了“坏”产出的问题。王兵等（2010）在考虑资源环境因素的情况下，运用SBM 方向性距离函数和生产率指标测度了1998~2007 年中国30 个省份的环境全要素生产率，但是由于选取的时期较短、污染排放物没有充分考虑、因素指标选取主观性较强等问题，所得出的结论在宏观层面没有错误，但是在测度的数值大小上存在误差。为了使不期望的输出最小化，Tang 等（2017）采用径向 DEA Malmquist 指数，且采用不期望的输出作为测量 ERTFP 的输入指示器。同时，DEA Malmquist 模型将全要素生产率（TFP）指数分为技术进步和技术效率指数。从可变规模的角度来看，技术效率指标可以分解为纯技术效率指标和规模效率指标，从而发现影响环境监管过程的因素，为当地环境部门政策提供科学性依据。研究发现，ERE 和 ERTFP 分别呈现出“极化效应”和“马太效应”，最后指出技术是影响环境全要素生产率的主要动因。杜江等（2016）[①] 进一步利用 GML 指数方法建立面板 Tobit 模型来分析环境全要素生产率的影响因素，发现环境全要素生产率与农业增长存在“倒 U 形”曲线关系。将环境引入全要素生产率的测度中可以更好地改善效率和促进技术的进步，为中国经济的可持续发展开辟路径。

2.1.2.4 收敛性分析

本书在对战略性新兴产业环境效率进行测度以及对环境全要素生产率进行分解之后，对环境效率进行了收敛性分析。

关于收敛问题的理论研究包括两个方面：一是新古典经济增长理论，二是内生经济增长理论。两个理论的区别是，新古典经济增长理论将技术进步作为经济增长的重要外生性因素，认为资本的效应会逐步边际递减，因此往往发展水平落后的国家或地区有着较高的经济增长率，经济发展最终将趋于稳定的状态。然而，现实的实证分析中并没有出现新古典增长理论所预言的趋于稳定状态。内生经济增长理论则放松了技术外生的假定，该理论认为技术是经济增长的内生因素，这是对新古典经济增长理论的突破。该理论还进一步考虑到人力资本和科学技术的投入，通过知识积累、外溢和专业化分工改变了传统资本边际报酬递减的

① 杜江，王锐，王新华．环境全要素生产率与农业增长：基于 DEA - GML 指数与面板 Tobit 模型的两阶段分析［J］．中国农村经济，2016（3）：65 - 81.

假设，认为拥有较好物质资本、人力资本积累的地区将能够获得更高的经济增长速度。这也从根本上否定了新古典经济增长理论所强调的地区收敛机制。但是内生经济增长理论也认为，技术的发展和溢出效应同样可以促进地区间发展的趋同效应。

收敛理论上的分歧使得很多学者转向通过实证验证地区间经济增长的收敛形态，主要有五种收敛检验方法，分别是绝对收敛分析、条件收敛分析、俱乐部收敛分析、随机收敛分析以及增长分布动态分析，前三种收敛分析是建立在新古典经济增长理论基础上的，也被称为新古典收敛方法。赵蕾、杨向阳和王怀明（2007）使用的便是新古典收敛方法，利用基于农产品成本收益数据的 Malmquist 生产率指数，采用面板数据单位根检验方法来分析改革以来中国省际农业生产率的收敛性，研究结果发现，在考虑了时间和省份特殊效应与序列相关等因素的影响后，中国省际农业生产率存在着显著的条件性 β 收敛。为了进一步检验这一结果的可靠性与真实性，文章同时运用了面板数据单位根检验的新的理论和方法再次对其进行检验，结果表明，条件性 β 收敛仍然显著存在并表现出良好的稳健性。林光平、龙志和吴梅（2005）运用空间经济计量方法来研究 1978～2002 年我国 28 个省市实际人均 GDP 的 β 收敛情况，由于地区间的空间相关性对各地区 GDP 增长作用逐渐加大，文章分别采用了地理空间权重矩阵和经济空间权重矩阵对各省市间的空间滞后和空间误差模型进行实证分析，将 25 年的数据按每 12 年为一个时段，共划分为 14 个滚动的时段，考察我国地区 GDP 增长收敛情况变化的动态过程。陈晓玲、李国平（2006）运用空间统计指标计算并描述了我国省际经济增长的空间相关性，通过空间权重矩阵和经济空间权重矩阵的空间面板数据模型研究了 1978～2004 年及各个子时段我国地区经济增长的 β 收敛状况。他们都通过实证测度了我国地区经济收敛性。

一些学者采用 DEA 方法，通过测度区域生产率或城市生产率，进而分析其收敛特征。汪成和高红贵（2015）运用超效率 DEA 模型对 1998～2011 年中国 30 个省份的省级面板数据在测度环境技术效率的基础上，使用空间面板收敛模型对中国工业环境技术效率进行收敛性检验，研究发现，在对工业环境技术效率进行收敛分析时空间因素是一个不可忽视的因素。近年来学者们通过运用 GML 生产率指数的方法大量对全要素生产率进行测度并进行收敛性分析时发现，全要素生产率的增长关键来源于技术效率的增长，同时全要素生产率存在一定的收敛趋势

（彭国华，2005；武群丽，2011；孙传旺等，2010[①]；柯孔林、冯宗宪，2013；康海媛等，2016）。柯孔林、冯宗宪（2013）针对传统的ML指数不具备传递性特征且面临潜在的线性规划无解的问题，提出了一种新的测度模型——全域Malmquist－Luenberger生产率指数，对不良贷款约束下中国商业银行2001～2010年的全要素生产率增长及其分解进行了重新估算，并对其收敛性进行检验，研究表明，中国商业银行全要素生产率的年均增长率仅为0.73%，股份制银行的全要素生产率显著高于国有控股银行，这主要是来源于技术进步；银行体制改革对技术效率的提升具有一定的促进作用，但影响会逐渐减弱；有效应对全球金融危机的宏观调控政策和审慎监管的措施对中国商业银行技术进步具有负面影响；中国商业银行全要素生产率存在着收敛的趋势，成本费用的控制能够促进股份制银行生产率的收敛。康海媛、孙焱林和陈祖海（2016）通过收集2000～2012年中国29个省（自治区、直辖市）的面板数据作为研究样本，利用Global Malmquist生产率指数方法测算了考虑资源投入与能源消耗的中国各省能源全要素生产率及其指数变化，研究结果显示，中国省际平均能源全要素生产率呈现稳步上涨的趋势，其中从2005年开始上涨的速度加快；能源全要素生产率增长主要是来源于技术进步，技术效率的增长率则呈现下降趋势；能源全要素生产率呈现东部大于中部大于西部的阶梯型分布，北京增长最快，而湖北则是能源生产率下降幅度最大的省份，总体来说，省际能源全要素生产率存在收敛趋势。基于环境效率的收敛性分析，石风光（2013）采用方向性距离函数的DEA模型进行环境技术效率的收敛检验，发现我国各地区的环境技术效率总体上呈下降的趋势且存在收敛的趋势，因此进一步明确环境保护的重要性。还有学者从全要素生产率方面进行收敛性分析（彭国华，2005；吴军，2009；韩海彬、赵丽芬，2013；柳剑平等，2016；史常亮等，2016[②]；康海媛等，2016）。韩海彬、赵丽芬（2013）利用非径向的SBM模型对1993～2010年中国29个省份的农业环境技术效率进行评价，并且采用Tobit回归模型对影响农业环境技术效率的因素进行实证研究，研究表明，中国农业环境技术效率总体较低，环境污染造成较大程度的效率损失；各地

① 孙传旺，刘希颖，林静．碳强度约束下中国全要素生产率测算与收敛性研究［J］．金融研究，2010（6）：17－33.

② 史常亮，朱俊峰，揭昌亮．中国农业全要素生产率增长地区差异及收敛性分析——基于固定效应SFA模型和面板单位根方法［J］．经济问题探索，2016（4）：134－141.

区的农业环境技术效率值呈东、中、西部地区依次递减的趋势；农村教育发展水平、政府农业支持力度以及农业比重对农业环境技术效率的改善有着显著的促进作用；农村工业化和农民收入水平对农业环境技术效率改善具有显著的负面影响。史常亮等（2016）运用 ML 指数对农业全要素生产率进行收敛分析发现，技术是农业增长的动力，不同地区的农业全要素增长存在差距且无随机收敛。在对工业全要素生产率的收敛性研究方面，在没有考虑环境因素的情况下，谢千里等（2008）发现，沿海地区和中部地区存在绝对收敛，而东北部和西部地区没有绝对收敛。吴军（2009）通过 ML 指数将环境因素纳入全要素生产率的研究中，发现东部、西部的工业全要素生产率俱乐部收敛性现象显著且中部条件收敛。在不同地区间进行收敛分析时，柳剑平等（2016）同样指出在一些地区环境全要素生产率存在俱乐部收敛效应。因此在考虑环境因素前提下，当前战略性新兴产业环境技术效率相关的收敛性分析的研究还是相对比较少。

2.1.2.5　环境效率的影响因素研究

学者们主要是从环境效率、经济规模、产业结构、人口密度、FDI、贸易依存度等方面对环境效率的影响因素进行研究，但是研究结论并不统一，认为产业规模和聚集对战略性新兴产业环境效率的影响为正（吕岩威、孙慧，2014），而产业结构对环境效率的影响为负（王兵等，2011；陈浩等，2015；何枫等，2016）。对于 FDI，Li 和 Cheng（2004）认为，其对环境效率影响不显著；王兵等（2010）发现 FDI 对环境效率有正向作用；涂正革（2008）则发现 FDI 的引进降低了环境效率。外商直接投资和国有制与中国及中东地区战略性新兴产业显著负相关，而与其他地区正相关（吕岩威、孙慧，2014）。陈浩、陈平和罗艳（2015）考虑资源环境因素的影响，采用超效率 DEA 方法测算了京津冀地区 13 个城市在 2003 ~ 2013 年的环境效率值，紧接着运用 Malmquist 指数对环境效率进行了动态研究，最后通过面板数据 Tobit 模型分析了环境效率的影响因素，研究结果发现，京津冀地区的整体环境效率水平不高，但有逐步变好的趋势，整体增长幅度较小；技术进步则是阻碍环境效率增长的最主要原因；生产技术水平、人均收入和人口密度对环境效率具有显著的正向影响，城市建设用地面积的正向影响并不显著，而产业结构、引进外资水平、人均道路面积等具有显著的负面影响。何枫等（2016）进一步考虑雾霾约束下的环境效率，研究结果发现，技术创新与环境效率相关性不显著；环境规制与环境效率正相关但不显著；环境效率、经济规模、人口密度、地理位置显著正相关；贸易依存度对环境效率具有负向作用。

从文献上看，现有的环境效率影响因素的研究，还存在较大的扩张空间。①从变量的选择上来看，随着研究的深入，学者们将环境纳入变量范围，但是随着战略性新兴产业的发展，对环境产生不同程度的作用，投入产出变量也存在多样性，如果没有考虑周全，效率评价可能失真。比如近几年来的雾霾污染变量较少被学者纳入环境效率的研究中。②不同学者对环境效率的研究得出不同的结论，但从战略性新兴产业的角度系统分析环境效率的文献较少，为此有必要进行系统性分析。

2.1.3 提升战略性新兴产业环境效率的相关研究现状

我国战略性新兴产业研究成果很多，本书着重从驱动力机制的研究入手，对提升战略性新兴产业环境效率的相关文献进行梳理，在驱动力机制上主要是基于以下几方面的研究：

基于政府视角的研发补贴是战略性新兴产业发展的重要驱动力。有学者认为，政府补贴会替代研发投入（Lach，2002；Wallsten，2000[①]；姜宁和黄万，2010）。具体来说，姜宁和黄万（2010）以我国的高新技术产业为例，对高技术产业的五个细分行业在2003～2008年的面板数据进行实证分析，研究结果表明：①政府补贴并不一定会促使企业增加R&D的投入，企业增加R&D投入效应与政府补贴率有关；②政府补贴对企业R&D投入的影响具有一定的滞后性；③政府补贴对高新技术产业五个细分行业的影响存在着较大的差异。多数学者表示政府补贴只是起到抛砖引玉的作用，仅能促进企业的研发（Antonelli，1999；Busom，2000；Aertsand Czarnitzki，2004；Leeand Hwang，2003；钱昇、武健，2007[②]；朱云欢、张明喜，2010；白俊红，2011）。具体来说，朱云欢、张明喜（2010）通过对财政补贴对企业研发的影响进行实证分析发现，财政补贴在一定程度上补偿了企业进行研发创新的外部性带来的成本与收益风险；相比于财政补贴，税收优

---

① Wallsten S. J. The effects of government－industry R&D programs on private R&D：The case of the small business innovation research program［J］. The RAND Journal of Economics，2000，31（1）：82－100.

② 钱昇，武健. 政府补贴对知识溢出条件下竞争企业R&D合作收益的影响［J］. 东岳论丛，2007（6）：165－169.

惠能在更大程度上诱导企业进行研发活动；企业进行研发在很大程度上还与市场销售状况、企业规模以及企业过去已经积累的技术与知识密切相关，因此要想提高我国财政补贴研发的效率，首先要重视增加研发项目的外部性，其次要促进财政补贴的合理分配并对其加强监管。白俊红（2011）利用1998～2007年中国大中型工业企业分行业的面板数据，采用静态和动态面板数据模型进行研究，研究结果表明：中国政府的R&D资助显著促进了企业技术创新水平的提高，并且企业自身的行业技术水平、知识存量、企业规模以及产权类型等因素都会对资助效果产生不同程度的影响。然而有学者研究发现，政府补贴并没有促进企业的研发投入，可能是由于传统的补贴方式不能适应战略性新兴产业的特点，因此巫强和刘蓓（2014）提出采用定额补贴的方式，这一补贴方式能更好地推动战略性新兴产业的发展。

基于产品去留视角，产品出口与本土市场消化的创新对战略性新兴产业的技术创新都有一定的影响。出口能促进企业的规模化生产、产生干中学和市场竞争效应（任保全等，2016），并运用分位数回归模型进行证实。本土市场消化在理论上能够驱动、引领和推动创新（Schmookler，1966①；Fagerberg等，2005）。

2.1.4 文献评述

综合以上国内外研究现状可知，当前资源环境约束下的全要素生产率增长主要以传统Malmquist指数分解进而进行政策性的研究居多，将我国区域之间的空间溢出效应考虑到环境全要素生产率增长中开展的研究还不多见。本书将在借鉴现有文献成果的基础上，从资源和环境约束下的全要素生产率增长角度出发，通过建立基于非径向SBM函数的GML指数、演化收敛分析、Tobit面板模型等对资源环境约束下的我国战略性新兴产业开展测度、影响因素与驱动力研究，同时以江西为案例省份，开展“落地”型研究，以期提出提升我国战略性新兴产业发展的政策建议。

① Schmookler J. Invention and economic growth［M］. Cambridge：Harvard University Press，1966.

2.2 理论基础

2.2.1 产业发展理论

根据新结构经济学理论，一国或一个经济体的产业发展只有在充分遵循其固有发展规律并充分发挥其相对比较优势时，产业结构的调整与变迁才能更好地为该经济体服务，从而实现经济的持续、稳定、快速增长并收敛在平衡增长路径。

产业发展理论是研究一国或一个经济体产业发展过程中的发展规律、结构变迁、区域分工以及产业发展生命周期及其影响因素时所形成的一系列相关理论与政策措施。产业发展规律是指一个或多个产业的萌芽、诞生、成长、成熟、衰退、淘汰过程中所具有的典型特征，所必须具备的条件和环境及所需采取的有效政策措施。对产业发展规律的研究有助于相关决策部门根据当地产业发展的不同特质及不同阶段采取相应的产业扶持政策，从而确保地区产业发展目标的贯彻与落实。毋庸置疑，只有深入研究产业发展的规律，充分遵循产业发展规律，才能增强地区产业发展的竞争力，才能更好地促进产业的发展和整个国民经济的发展与腾飞。

产业结构变迁理论是重要的产业发展理论之一。与经济发展过程一样，产业结构的发展与变迁同样也会经历一定的从低级向高级不断演变的过程。1940 年，科林·克拉克（C. Clark）和威廉·配第（William Petty）就指出，随着经济发展水平的不断提升与人均收入水平的提高，劳动力会由第一产业向第二产业转移；这时，人均收入水平将进一步提高，劳动力会不断向第三产业转移，使得劳动力在第一产业的分布不断减少，在第二、第三产业中的分布不断增加。由此可见，在人均收入水平较高的国家和地区，农业劳动力所占比重会相对较小，第二、第三产业劳动力所占比重会相对较大。反之，对于人均收入水平低的国家和地区而言，农业劳动力所占比重将相对较高，而第二、第三产业劳动力所占比重就会相对较低一些。

在配第—克拉克研究的基础上，库兹涅茨（Simon Kuznets）进一步通过对各个国家的国民收入与劳动力在产业间分布结构的变化规律进行统计分析后发现，随着时间的推移和经济发展水平的提升，各个国家农业部门的国民收入在整个国民收入中的比重和农业劳动力在全部劳动力中的比重均会不断下降；而工业部门的国民收入在整个国民收入中的比重大体呈上升趋势，但工业部门劳动力在全部劳动力中的比重将大体不变或略有上升；第三产业的劳动力在全部劳动力中的比重基本上都会上升。为了不断提升产业技术水平、提升产业自身的质量，产业发展的技术升级成为各国以及不同经济体展开竞争的必经路径。随着产业的发展与技术水平的更替，不仅可以在传统产业中催生出一些新兴业态，而且也会使得一些暂时是新兴产业的不断为新的技术所代替，最终走向衰退与消亡。

2.2.2 资源配置优化理论

效率与公平始终是经济学研究中的根本问题。在社会资源稀缺的假定下，如何在现有生产技术条件下优化资源配置、提升资源配置效率长期以来备受国内外学者关注。资源配置的优化问题涉及配置什么、由谁配置以及如何配置三大问题。

资源配置是指将有限而稀缺的资源按照一定的方式合理地分配到社会中的个人、企业以及领域当中去，以期实现资源的合理利用。资源配置的优化要求用最少的资源耗费生产出最适用的商品和劳务，从而实现资源配置效率的提升与帕累托最优。资源配置合理与否，对一个国家经济发展的成败有着极其重要的影响。一般而言，如果资源能够得到有效、合理的配置，经济效益就会得到有效提升；反之，如果资源出现错配，经济效率将会遭受损失，社会发展也会受到阻碍。

有限而稀缺的资源实现合理配置需要通过一定的经济体制借以实现。经济体制按照资源配置主体与资源配置实现方式的不同，可以分为计划经济体制、市场经济体制以及有计划的市场经济体制三种。计划经济体制是指计划部门根据社会需要，以计划配额、行政命令等方式来统管资源和分配资源。计划性资源配置方式主要基于对整体利益的考虑来协调各地区经济发展，可以集中优势力量完成重点工程项目。但与此同时，计划配额取代市场选择，政府统管取代市场竞争，使得市场在资源配置中处于消极被动的地位，容易导致资源闲置或浪费现象的发生。由于市场机制具有平等性、竞争性、法制性和开发性的特点，它能够自发地实现对商品生产者和经营者的优胜劣汰，促使商品生产者和经营者不断实现内部的优化配置，从而引导社会资源向优化配置的企业集中，有助于实现整个社会资源的优化配置。相对于计划经济体制而言，市场机制是实现资源优化配置的一种更有效形式。但因市场机制固有的局限性使市场在进行资源配置时难免会存在盲目性、滞后性等缺点，容易导致出现社会与经济不可持续，社会公共环境遭到破坏等负的外部性问题，建立以市场为主、以政府为辅的“小政府大社会”的资源配置模式将成为社会历史发展的必然选择。市场与政府计划相结合的资源配置模式不仅可以推动科学技术和经营管理的进步、促进劳动效率提高，而且可以引导企业按照市场需要优化生产要素组合，实现产需的有效衔接；不仅可以充分发挥竞争和优胜劣汰机制、增进商品生产经营能力，而且可以通过政府的积极干预有效减少经济负外部性行为的发生。

2.2.3 竞合博弈理论

“竞合战略”一词最早出现在1996年布兰登博格（Adam M. Brandenburger）和奈勒波夫（Barry J. Nalebuff）出版的《竞合战略》一书中。竞合博弈是博弈理论的拓展与应用，它是关于创造价值与争取价值的理论。创造价值的本质是合作的过程，争取价值的本质是竞争的过程。竞合策略的主要理念是增加互补者（Complementors）以及运用互补者的战略来使自身产品和服务变得更有价值。竞合（Co－opetition）正是基于合作与竞争结合的经营战略，由商业竞争者之间的分工合作能够带来“双赢”局面的思想衍生而来。合作竞争是一种更高层次的竞争，合作竞争并不意味着消灭了竞争，它只是从企业自身发展的角度和社会资源优化配置的角度出发，使企业间的关系发生新的调整，从而实现从单纯的对抗竞争走向一定程度的合作。

竞争合作关系的建立需要具备三大基本要素，即贡献（Impact）、亲密（Intimacy）和远景（Vision）。所谓贡献是指建立合作竞争关系后能够给对方带来的好处，如增强企业生产能力和效率等。贡献是合作竞争成功要素中最根本的要素及成功的合作竞争关系赖以生存的重要原因。竞合中的贡献主要包括减少重复与浪费、借助彼此的核心能力和机会创造等。成功的合作竞争关系还需在彼此之间建立一定的亲密关系，这种亲密关系是在传统的交易模式下所不存在的。亲密关系的建立增加了相互之间的信任，这是竞合博弈建立的核心，在此基础上有助于实现双方信息的共享，有效降低企业信息的收集与处理成本。不仅如此，竞争合作关系的建立还有助于搭建有效的合作团队，提升竞合双方的生产效率。竞合博弈是企业的长期发展战略，基于对企业长远发展的考虑，在充分考虑企业自身资源优势与核心竞争力基础上，通过彼此之间的合作和相互学习，以期实现产品、服务、技术、经营管理等各方面的创新，从而达到“双赢”的局面。有别于传统的零和博弈或负和博弈，竞合博弈以实现合作竞争双方的共同利益为目标。

不同主体之间构建与形成竞合博弈关系，可以更好地实现经济发展过程中的规模效应、成本效应、协调效应和创新效应等。首先，单个企业各自的相对优势在竞合的过程下得到了更大程度的发挥，企业的单位成本得到有效降低。其次，竞争合作关系的建立使得专业分工更加精细，企业生产的专业化程度更高，从而有利于充分发挥专业化生产所带来的经济规模效应。再次，通过竞合博弈主体之间的信息交流与沟通，可以有效降低彼此之间的信息收集与处理成本，提升企业内部管理能力。不仅如此，竞合博弈还有利于增强主体之间的协调效应，避免同质竞争行为所带来的资源浪费与效率损失，有利于产生 1 +1 >2 的协同效应，给社会经济发展带来积极的影响。最后，竞合博弈的结论还有助于主体间近距离模仿与学习，不仅为合作企业间传播知识、创新知识和应用知识创造机会与可能，而且合作组织之间信息共享有利于帮助企业了解竞争对手的动向和产业发展动态、跟踪外部技术、管理创新等，为企业提供新的创新思想和活力，并极大提升企业创新效率。

3 战略性新兴产业发展现状及面临的挑战

3.1 战略性新兴产业概念界定

3.1.1 基本内涵

要明确战略性新兴产业的内涵，就有必要明确三个相关概念，即战略产业、新兴产业和高新技术产业。只有明确这三个基本概念，才能较好地对战略性新兴产业的内涵进行界定。

3.1.1.1 战略产业

战略产业是一个国家重点的核心产业，目的在于实现其产业发展的结构性、高端性，对一个国家和地区的发展具有长远的影响，产业的发展具有 10~20 年乃至更长时间的前瞻性，是一个国家和地区资金、人才、技术集聚的重点产业，具有良好和广阔的市场前景，对一个国家和地区今后国民经济的发展具有重大的影响①。

战略产业主要包括主导产业、支柱产业、先导产业和基础产业。

---

① Liu C., Gu Q., Dong R. Q. The function of industry policy in the development of strategic emerging industries [J]. Comparative Economic & Social Systems, 2011 (1): 196-203.

（1）主导产业。主导产业部门是指对国民经济和国民经济的其他产业起支撑作用的重点产业。主导产业直接决定了一个地区或城市未来发展的产业方向，是一个地区或城市发展的核心产业。与其他部门相比，主导产业具有以下特点：一是具有较强的创新能力，能快速引入技术创新或制度创新；二是具有高速增长的能力，其增长率高于整个经济体，具有大规模生产的可能性；三是具有很强的推动力，即有较高的“扩散效应”，可以推动其他部门和整个国民经济的增长；四是工业化进程和产业结构具有不断迭代和升级的能力①。

（2）支柱产业。支柱产业不同于主导产业，它更多地关注其产业发展的经济价值和利润高低，更多地依靠当地资源禀赋条件和技术比较优势，是财税收入和人口就业的主要产业。然而，其社会效益和环境效益在指导其他行业方面并不十分有效，它们属于必须开发或维护的行业，它强调了一个行业在整体经济总量中的份额及其在推动相关行业中的作用。要发展成支柱产业，那么一个产业或一种类型的相关产业必须经历长期的增长、发展、竞争、淘汰和成熟的过程。只有经过市场充分竞争的产业和企业才能在新一轮信息和技术革命的大潮中获得新的成长，才能成为区域经济增长的核心动力。

（3）先导产业。它主要是指在未来国民经济发展中起主导作用的产业，该产业的产品具有收入弹性大、全要素生产率高的特性，对其他工业部门具有强大的推动作用，尤其是工业先导产业对国民经济的发展具有全球性和长期性的影响。先导产业一般具有以下特点：产业具有快速增长的势头，高于区域经济增长的平均速度并具有较高的成长性，对区域经济发展和产业升级方向具有较大的影响力，是科学、技术、资金、人力密集的产业，具有较高的成长性和市场潜力②。

（4）基础产业。Albert Hirschman 在其《经济发展战略》一书中对基础产业进行了深入分析。总的来说，基础产业是指在国家经济发展中起基础性作用的相关产业，能够对其他产业的发展起到制约和决定的作用，直接影响其他产业集群的发展，其产品通常是后续工业部门加工、处理和生产过程中不可或缺的投入或消耗品，通常具有不可再生性质。一个国家的基础产业越发达，国民经济就越稳

① 东北财经大学产业组织与企业组织研究中心课题组，肖兴志．中国战略性新兴产业发展战略研究［J］．经济研究参考，2011（7）：47－60.

② 肖兴志．中国战略性新兴产业发展研究［M］．北京：科学出版社，2011.

定，国民经济就越有效，人民的生活成本就越低，生活质量就越高。因此，如果一个国家要实现经济的健康可持续发展就要发展好基础产业，打好产业的基础①。

3.1.1.2 新兴产业

新兴产业是指随着新科学研究和新兴技术的应用而出现的新产业②。世界新兴产业主要涉及电子、信息、生物、新材料、新能源以及海洋和太空等新技术开发所关联的一系列新兴工业部门。目前新兴产业大致可分为以下三种类型：

（1）技术转化类产业。生物工程技术只是20世纪五六十年代或更早的技术，而到了如今已经形成了一个生物工程行业，同样，由于信息技术、通信科技包括5G技术的发展，当前信息科技产业成为美国非常有竞争力有前景的产业。

（2）技术改造类产业。通过技术的革新和生产方式的转变，将传统的老产业转变成具有科技实力的新产业，而且新技术改变了传统工业，如钢铁企业已经开始了新的转型，由于钢铁已成为一种新型材料，钢铁企业能生产出耐酸、耐碱、耐磨、柔韧的复合材料和新材料。还有类似于煤化焦化产业，目前该产业生产的炭黑等产品已经广泛应用于轮胎等国民经济基础产品中。与传统产业相比，这些核心产业的转型大大提高了经济效益。

（3）社会型新兴产业。这些产业更多是随着社会的发展、观念的革新而逐步产生的，如新闻媒体业、慈善业等。

3.1.1.3 高新技术产业

高新技术产业一般指从事高新技术研究、开发、生产等一系列社会生产流程的参与者集合。这个产业具有较高的门槛，在前期研究过程中需要大量资金和技术的投入，同时没有显著的效益回报，而一旦发展成功，它们的经济效益和社会效益将高于正常水平③。高新技术产业是知识密集型和技术密集型产业，该产业生产的产品具有较高的科技含量，往往是重点突破性的技术所带来的产品。目前高新技术产业主要指新材料、生物科技和电子信息技术产业，这也是当前我国各

---

① 万航．战略性新兴产业：基本内涵、现实意义与发展路径［J］．黑龙江教育学院学报，2012，31（10）：194－195.

② Blannk S. C. Insiders' views on business models used by small agricultural biotechnology firms: Economic implications for the emerging global industry [J]. Agbioforum, 2008, 11 (2): 71－81.

③ Chambers R. G., Serra T., Stefanou S. E. Using ex ante output elicitation to model state－contingent technologies [J]. Journal of Productivity Analysis, 2015, 43 (1): 75－83.

地区主要高新技术园区重点招商引资的产业。

同时，为进一步促进高新技术产业的发展、推动我国高新技术产业实现优化升级，更好引导社会资源向高新技术产业倾斜，实现国家整体产业和研发水平的新跨越，整体提升高新技术产品的技术含量和市场竞争力，科技部、财政部等相关部委共同制定了《中国高新技术产品目录》，该目录的修订参考了国际先进的标准和分类规范，既和国际先进规范接轨，又较好地根据我国经济发展的客观国情而编制，具有较强的可操作性①。

3.1.1.4 战略性新兴产业

中央政府在确定战略性新兴产业的内涵和外延方面取得了很大进展。2009年，温家宝总理在北京科技大会上发表了题为“让科学技术引领中国可持续发展”的演讲。特别是党的十八大以来，中央把创新摆在国家发展全局的核心位置，高度重视科技创新；提出加大力度发展战略性新兴产业，推进产业结构优化升级，着眼于全球产业发展和变革大趋势，瞄准世界产业发展制高点；推动工业化和信息化深度融合，尽快形成结构优化、功能完善、附加值高、竞争力强的现代产业体系；适应和引领我国经济发展新常态，发挥科技创新在全面创新中的引领作用，加快形成以创新为主要引领和支撑的经济体系和发展模式，实现“两个一百年”奋斗目标。

在此基础上，本书认为，战略性新兴产业具有两个层面的内涵，即该产业必须基于战略性、新兴这两个共同特征②。从“战略性”的角度来看，这些产业是一个国家或地区选定的特定产业部门，以实现优化产业结构为目标，对国民经济的发展具有重要的推动作用。根据国家的主要战略需求，它在工业体系的演变中处于关键地位。从“新兴”的角度来看，它通常指的是出现新科学研究和新兴技术发明应用的新部门、新产业。该产业具有重大科技创新特征，其技术、产品、设备、服务及市场目前处于成长期，它将通过科技进步带动经济社会发展，

---

① 冯飞. 把结构调整作为“十二五”规划的核心内容［A］//中国经济分析与展望（2009～2010）［C］. 中国国际经济交流中心，2010.

② 孙国民. 战略性新兴产业概念界定：一个文献综述［J］. 科学管理研究，2014，32（2）：43－46.

从而形成新的经济增长点①。总的来说，战略性新兴产业是基于重大技术突破的、立足于当前世界科技和低碳经济发展前沿的产业，它具有广阔的市场空间和发展潜力，可以带动一些关键产业的崛起，关系到国民经济的长远发展，对国家产业结构的优化升级具有战略性的指导作用。最终，它将成为支柱产业和主导产业的一种业态形式。

3.1.2 战略性新兴产业的主要外延

在当前经济发展和产业发展的背景下，战略性新兴产业具有不同的发展内涵，甚至各个地区对战略性新兴产业也有不同的发展侧重。通过对战略性新兴产业基本含义的综合分析，我们可以得出其外延如下：

第一，全局性。战略性新兴产业是国家经济发展的命脉，对社会经济发展具有推动作用，关系着国家未来的竞争力。同时战略性新兴产业涉及国民生产、居民生活、工业企业发展的方方面面，对国计民生具有重要的指引作用，对国家政治和军事具有重要而显著的影响。因此对于经济稍落后的地区，发展科技水平高、产业引领能力强的战略性新兴产业能极大地推动经济社会的发展，有助于实现“弯道超车”和进位赶超，实现产业结构的升级和科技水平的跨越式发展。

第二，导向性。战略性新兴产业的选择具有指示灯的作用，它往往揭示了未来一段时间政府支持和企业发展的重点，该产业是未来中长期政府政策支持、资金技术、人才资源等要素集聚的重点板块。

第三，创新性。战略性新兴产业拥有充分的基础学科、创新科技的支持，反映了新时代国际最新的科技成果和技术水平，反映了未来产业的发展方向和社会对新产品的需求，是世界工业发展、文明进步的最终成果。作为整合了大量学科和要素资源的重点产业，它有着巨大的创新能力。因此，战略性新兴产业一般处于科技进步的前端，是技术、资金、人才的集聚体，它所采用的研发技术、生产工艺、机器设备、产品创新等都体现了一个国家和地区的最优生产水平②。

第四，成长性。战略性新兴产业在市场、产品、技术、就业、效率等方面应

---

① Färe R., Grosskopf S., Norris M., et al. Productivity growth, technical progress, and efficiency change in industrialized countries [J]. The American Economic Review, 1994, 84 (1): 66 – 83.

② 曹立. 发展我国战略性新兴产业的三个视角 [J]. 理论视野, 2010 (11): 33 – 34, 36.

具有良好的发展潜力，代表着消费者今后的需求方向，同时应具有良好的国内外市场前景，在一段时间内有较大的增长潜力，有较高的生产效率，以及良好的经济效益和社会效益。

第五，长远性。战略性新兴产业的发展能够指引未来产业发展的方向，具有广阔的市场应用前景，因此战略性新兴产业具有较为稳定并长期的经济效应和社会效应。战略性新兴产业具有众多的优点，体现在资源环境压力小、技术水平高、要素资源使用效率高等方面。因此，大力推动战略性新兴产业的发展对优化我国产业结构、改善要素资源使用效率、提高单位资本产出具有重要的意义，体现了党中央“既要金山银山，也要绿水青山”的发展要求。

第六，变化性。根据宏观经济环境的变化和产业的发展，战略性新兴产业的定义、范围和内容都在不断变化，这与当前世界经济和科技发展的水平直接相关。战略性新兴产业的这种变化体现了其对国民经济发展的引导性，也体现了它具有产业升级的前瞻性，这种变化能更好地满足工业生产、居民消费和科技发展的变化，对区域经济的发展能够起到重要的推动和支撑作用。

基于以上六大产业特点，我们可以进一步总结出战略性新兴产业、一般性新兴产业、基础产业、主导产业和优势产业之间的差异和联系（见表 3.1）。其中，主导产业与战略性新兴产业具有高度的相似性，目前的需求和利润水平均高于战略性新兴产业。由此可以判断，中国战略性新兴产业的培育是朝着主导产业的方向发展并且与主导产业相关联的，研究成果和实践经验也将在未来战略性新兴产业的培育和发展中发挥重要的支撑借鉴作用。

表 3.1 战略性新兴产业与其他产业的区别及联系

特征	产业内涵	战略性新兴产业	一般性新兴产业	基础产业	主导产业	优势产业
全局性	经济发展贡献	大	较大	大	大	大
	社会民生贡献	大	未知	小	大	大
导向性	体现国家意志程度	高	未知	高	高	高
	促进结构调整力度	高	较高	低	高	高
创新性	技术创新度	高	高	低	高	高
	商业模式创新度	高	高	低	高	高

续表

特征	产业内涵	战略性新兴产业	一般性新兴产业	基础产业	主导产业	优势产业
成长性	增长速度	高	高	低	高	高
	产业关联度	高	高	高	高	高
	现期需求	低	低	高	高	高
	现期盈利	负	负	正	正	正
长远性	长期效益	高	高	降低	高	高
	可持续性	强	未知	弱	强	强
变化性	抗干扰能力	强	弱	强	强	强
	调整的灵活度	高	低	低	高	高

资料来源：肖兴志．中国战略性新兴产业发展研究［M］．北京：科学出版社，2011.

第七，技术的前沿性。战略性新兴产业具有明显的技术领先优势，是当前各项现代科学技术的优秀代表和体现，其产品具有高技术性、高附加值等特征，和其他产业相比具有代差优势，是当前研发能力、科技水平和生产工艺的体现①。

第八，高风险高产出。战略性新兴产业的技术、创新、壁垒较高，使得该产业进入门槛较高，在企业发展初期具有高投入、低产出的特性，对企业资金、技术、人才的要求较高，但该产业具有良好的增长潜力，代表了今后科技发展的方向和市场的需求方向，因此具有极大的开拓潜力和增长空间，具有较好的经济价值和社会价值。由于该产业是科技创新驱动的产业发展模式，具有经济附加值高、社会效益强、污染程度低等特性②。

第九，具有较高的产业引领能力。战略性新兴产业的高技术、高创新、高附加值的特性使得该产业往往成为供给侧结构性改革的关键点和突破口，能对社会生产力带来重大突破③。当技术在产业之间不断发展和传递时，便能影响上下游和相关产业链的发展，因此战略性新兴产业具有较强的产业引领和带动能力，能

① 曹兴，张云，张伟．战略性新兴产业自主技术创新能力形成的动力体系［J］．系统工程，2013，31（7）：78－86.

② 陈茹，王兵，卢金勇．环境管制与工业生产率增长：东部地区的实证研究［J］．产经评论，2010（2）：74－83.

③ 张银银，邓玲．创新驱动传统产业向战略性新兴产业转型升级：机理与路径［J］．经济体制改革，2013（5）：97－101.

对已有生产力和商业模式产生直接的作用和影响，促进国家和地区不断优化产业结构以适应战略性新兴产业的发展。

第十，对国家和地区发展具有重要影响。战略性新兴产业是一个国家或地区发展的重要“刻度”，对国民经济发展具有重要的影响，特别是对一个国家或地区的科技创新具有前瞻性的影响，其高科技属性以及较强的产业引领能力，能够为国家经济建设、军事建设提供强有力的支撑，和国家安全也息息相关，因此战略性新兴产业无论对发达国家还是发展中国家都具有直接的影响。

同时，我们也看到战略性新兴产业所具有的不同于其他高科技产业、主导产业等相关产业的特性。通常来看，战略性新兴产业所独有的高新技术属性，使得其技术的应用和产品推广对市场需求的构建具有重大的影响，对其他产业具有较强的带动和引领作用，对国家或地区发展也有长远的重大影响，因此发展战略性新兴产业具有重大的战略意义，是为今后供给侧结构性改革和打造新经济增长点而必须推进的重点产业，今后战略性新兴产业将可能成为一个国家或地区的主导产业或支柱产业①。

根据以上阐述的战略性新兴产业的内涵和外延，我国战略性新兴产业主要分为七大板块，分别是节能环保产业、新一代信息技术产业、生物产业、高端装备制造产业、新能源产业、新材料产业以及新能源汽车产业。

（1）节能环保产业。该产业主要能起到节约资源、保护环境、促进绿色经济发展的作用，为该产业提供相应的装备保障和技术支持，能有效带动产业水平的提升，提高绿色产出，带动整个产业的服务和技术水平的提升，降低单位产出的能源消耗。节能环保产业在美国被称为环境产业，在日本、韩国等国家被称为生态产业，具有良好的市场应用前景，是发展绿色经济、循环经济的选择②。

（2）新一代信息技术产业。该产业是国务院确定的重点产业之一，主要分为六大发展方向，要加快建设宽带、泛在、融合的信息网络和互联网信息技术，推动5G技术的快速应用，促进云计算、互联云平台的建设，大力发展智能芯片、智能操作系统、智能OLED、中大型互联网服务器等核心技术，提升软件产业、网络服务产业的能力和水平，提升新一代信息技术对企业的支持，大力发展VR

① 涂正革．环境、资源与工业增长的协调性［J］．经济研究，2008（2）：93－105.

② 袁鹏，程施．中国工业环境效率的库兹涅茨曲线检验［J］．中国工业经济，2011（2）：79－88.

等虚拟现实技术，促进产业的应用。

（3）生物医药产业。生物医药产业要大力集合信息学、系统科学等现代化理论科学，大力发展应用于国民经济发展的重要学科支撑，将生物医药产业作为未来重点核心产业，大力发展包括新兴疫苗、小分子药、高产作物等在内的生物产业链，大力提升生物医药水平，发展生物制药、蛋白多肽等重点产品，加快先进医药仪器、技术的研发。加快海洋、高山生物技术产品的研发和应用①。

（4）高端装备制造产业。紧紧围绕“中国制造2025”工程的需求，重点抓住国家战略发展、科技升级的关键时机，着力提升基础学科、基础材料、关键零部件、重点集成化设备和综合系统研发水平，提升配套系统的科技水平，加快机床、汽车、船舶、发电设备等装备产品的升级换代，特别是要围绕国家重点工程，加快核心短板的研发，重点围绕大型航空器材、大推力火箭、重点探测雷达设备、中大推力发动机、新一代隐身战斗机、核子动力潜艇等领域开展集中技术研发。同时，提高配套产业的服务能力，积极发展上、中、下游的产业链技术。

（5）新能源产业。大力发展新一代能源技术、节能减排技术和能源开发技术，大力发展风能、水电、光伏等清洁能源，大力发展具有高安全性的核能产业，加快太阳能、风能市场的组合，降低弃风率和弃光率，提高风能和太阳能的技术水平和装备水平，有序开展大规模应用，并加快智能电网的建设②。

（6）新材料产业。大力发展化工新材料、轻金属材料、陶瓷材料、复合材料、石墨材料、建筑材料、纳米材料等，构建产学研用协同创新的新材料产业体系，聚焦关键领域，提升材料工业基础研发能力和水平，提高关键材料的自给率，发展新兴航空航天工业、重点装备制造业所需的材料，同时进一步加大民营领域材料的研发，开发新型污水处理、生物降解、新能源等特种材料，提升用于大型相控阵雷达、集成电路、三元锂电池等领域材料的技术水平，加强材料产业与国民经济发展的应用联系，加快新技术开发。

（7）新能源汽车产业。大力发展节能汽车技术、纯电动和插电式混合动力汽车技术、氢燃料电池汽车技术、智能网联汽车技术、汽车制造技术、汽车动力

---

① 徐晔，周才华．我国生物医药产业环境技术效率测度区域比较研究［J］．江西财经大学学报，2013（5）：24－34.

② 郭燕青，何地．网络视角下战略性新兴产业技术创新小生境演化研究——以中国新能源汽车产业为例［J］．科技进步与对策，2017，34（2）：64－71.

电池技术、汽车轻量化技术等新能源汽车产业核心技术，尤其是要加快发展大容量、稳定性高的电池技术①。

战略性新兴产业和一般产业具有显著的不同。其中，高技术产业一般指具有较高知识创新水平、发展程度高、技术创新强的产业，其产业在区域市场具有一定的创新性，并具有一定的优势，对上下游产业链有较强的关联影响。主导产业在地区经济和产业发展中起到重要的支配和关键作用，主导一个地区的经济发展水平，对地区国民经济发展、产业基础和财税收入具有重要的影响，它具有产值占比高、产业链关联度高、产业带动效应强等特点。支柱产业具有更加重要的位置和影响，在产业的产出体系中具有更大的比例，是一个地区主要的财税收入和工业产值的来源，更是一个地区发展的核心和关键，对国民经济有很强的支撑作用，市场需求较高，对上下游和相关产业具有很强的关联度，是地区经济发展的核心动力。而战略性新兴产业不仅具有以上产业的特征，同时它还具有高科技、高技术的特性，其发展处于世界科技革命的前沿，具有较为广阔的国内外市场前景，对一个国家或地区的发展具有革命性的带动作用，战略性新兴产业经过培育和发展将逐步演变成为新的支柱产业。

3.2 战略性新兴产业发展现状分析

3.2.1 战略性新兴产业发展的动态演进

总产值是衡量产业发展规模和经济效益的重要指标。因此本章收集了2003～2016年我国七大战略性新兴产业的总产值数据，通过产业总产值的变化来了解我国七大战略性新兴产业发展的动态演进。

图3.1是2003～2016年我国七大战略性新兴产业产值占战略性新兴产业总产值的比重。首先从七大战略性新兴产业产值的横向比较可以看出，新一代信息

① 桂黄宝．战略性新兴产业成长动力机制分析——以我国新能源汽车为例［J］．科学管理研究，2012，30（3）：48－51.

技术和新能源两大战略性新兴产业发展规模较大，是我国战略性新兴产业发展的主导产业和优势产业，这两个产业的产值总和在我国战略性新兴产业总值中的占比超过75%；其次是生物医药产业和新能源产业，这两个产业的发展规模也相对较好，每个产业占战略性新兴产业总产值的比重都接近10%；而2003～2016年高端装备制造、新材料和新能源汽车在我国的发展规模很小，三个产业产值总和占比接近5%，说明这三个战略性新兴产业在我国的发展较为缓慢。从七大产业产值占比逐年的纵向变化比较可以看出，这七个产业产值总体占比是相对稳定的，2003～2016年占比基本保持不变，这表明2003～2016年我国战略性新兴产业仍保持原有产业布局和发展格局，产业结构并没有发生改变。

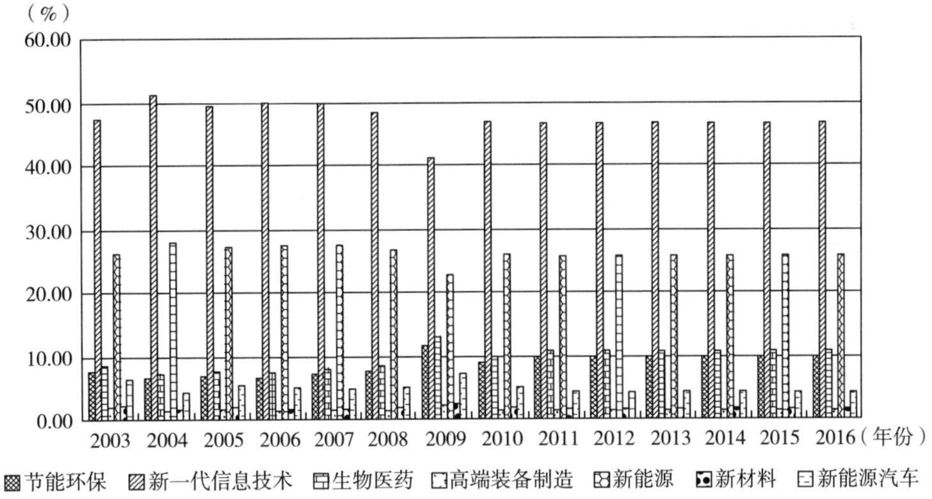

图3.1　2003～2016年我国七大战略性新兴产业总产值占比

图3.2是2003～2016年我国七大战略性新兴产业产值变化趋势。从七大产业产值的总体变化趋势来看，七大产业发展规模在逐年扩大，随着时间推移产值都呈现上升趋势。这说明我国战略性新兴产业总体发展呈现良好态势。从单个产业的发展趋势来看，新一代信息技术和新能源的产值整体呈现高速增长趋势，但2009年这两个产业的产值都发生较大动荡，产值分别降低近14000亿元和8000亿元，在2010年有明显回升，回升后的产值相对2008年来说都有所增加，其中新能源产业增加较少，新一代信息技术产业产值增加较多。节能环保和生物医药

两个产业的产值增长趋势线基本重合，说明这两个产业的发展规模近年来基本一致，产值都呈现较为良好的平稳上升趋势，但从图中也可以看出，2003～2011 年这两个产业的产值增长速度快于 2011～2016 年的增长速度，说明这两个产业的产值增长速度在放慢，有可能是规模效应递减所致。新能源汽车产业产值的增长速度相较于节能环保产业和生物医药产业更低，但其增长速度在逐年加快，说明新能源汽车产业极有可能属于我国的新成长产业，产业发展规模在逐年扩大。高端装备制造和新材料两个产业的产值增长速度虽然也在逐年加快，但增长趋势过于平缓，且产值过小，说明这两个战略性新兴产业在我国仍有较大的发展空间①。

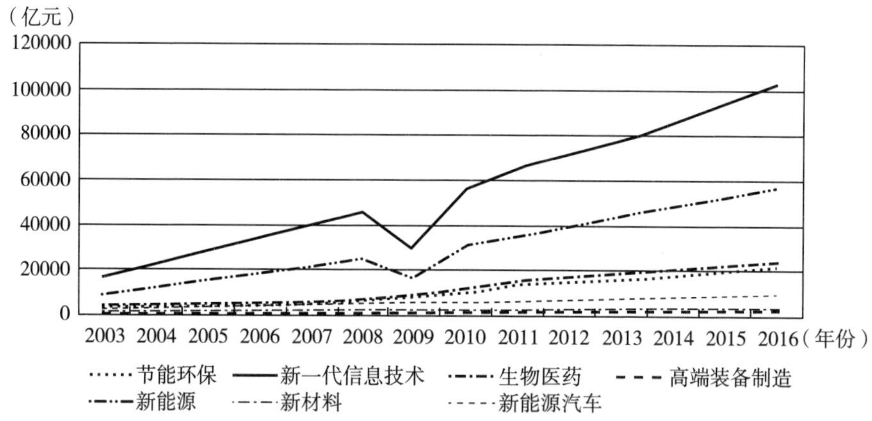

图 3.2　2003～2016 年我国七大战略性新兴产业产值变化趋势

通过以上对我国战略性新兴产业发展状况进行分析可以得出：总体上来看，我国战略性新兴产业发展规模在不断扩大，七大战略性新兴产业产值都在逐年增加。这是一种良好的发展趋势，将有助于我国经济总量增长，促进传统产业向战略性新兴产业转型升级。但这七大产业也存在较为严重的发展不均衡问题，新一代信息技术和新能源两个产业的产值在我国战略性新兴产业总产值中的占比超过75%，生物医药、节能环保、新能源汽车、高端装备制造和新材料五个战略性新兴产业产值之和占比不足 25%。另外，通过对七大战略性新兴产业 2003～2016

① 贺正楚，张蜜．战略性新兴产业的评价指标体系研究——基于几类产业内涵和特征比较的视角[J]．学海，2011（6）：70－75.

年产值变化趋势进行比较发现，产值占比越高的产业（新一代信息技术产业和新能源产业）产值增长速度越快，产值占比越低的产业产值增长速度越慢，这将导致我国七大战略性新兴产业发展规模差距越来越大，最终市场上形成新一代信息技术和新能源产业两家独大的局面，新能源汽车、高端装备制造产业和新材料产业由于发展规模小、产值低且无良好发展态势可能会被迫退出市场。

3.2.2　战略性新兴产业发展的空间分布

对我国七大战略性新兴产业总体发展的动态演进有了较为深入的了解之后，我国战略性新兴产业空间分布特征如何又是一个值得深入探究的问题。本节收集了我国内地各个省（自治区、直辖市）2003～2016 年战略性新兴产业产值数据，借此数据对战略性新兴产业发展的空间分布进行分析①。需要说明的是，由于西藏自治区战略性新兴产业产值数据缺失严重，以及数据的获取难度较大，因此在研究空间分布时未将西藏考虑在内，只考虑其他 30 个省（自治区、直辖市）；且针对我国各省份个别年份数据缺失的情况，取前后两年的平均数以补齐的方式加以处理。

按照《中国卫生统计年鉴》对我国东部、中部、西部的划分标准，东部地区包括北京、天津、河北、辽宁、上海、江苏、浙江、福建、山东、广东、海南 11 个省份，中部地区包括黑龙江、吉林、山西、安徽、江西、河南、湖北、湖南 8 个省份，西部地区包括内蒙古、广西、重庆、四川、贵州、云南、陕西、甘肃、青海、宁夏、新疆 11 个省份。

图 3.3 是 2003～2016 年我国战略性新兴产业产值占比空间分布。首先对东部、中部、西部空间产值占比进行横向比较。可以看出，东部地区战略性新兴产业产值占比排名第一，平均占我国战略性新兴产业总产值的 80.43%；中部地区产值占比排名第三，平均占我国战略性新兴产业总产值的 10.03%；西部地区排名第三，占比 9.54%。这说明我国战略性新兴产业分布极不均衡，大规模的产业分布在东部地区，仅有小部分分布在中部地区和西部地区，中部地区和西部地区战略性新兴产业发展相差不大。其次对东部、中部、西部各地区战略性新兴产业

---

① 江世银．区域战略性产业结构布局的模型建立和指标体系设计——兼论我国东中西部地区战略性产业结构布局［J］．云南财贸学院学报，2005（6）：72－77.

产值占比逐年的变化进行纵向比较。可以看出，东部地区战略性新兴产业产值占比总体呈现逐年递减趋势，2004 年东部地区战略性新兴产业产值占全国战略性新兴产业总产值比值达到最高值，为 86.2%，2016 年东部地区战略性新兴产业产值占比已降至77%。不过在 2009 年和 2010 年发生动荡变化，2009 年东部地区战略性新兴产业产值占比跌至这 14 年的最低值，为 74.6%，2010 年回升至 80.9%，之后又继续保持递减趋势。中部地区战略性新兴产业产值占比逐年变化波动较大，特别是在 2003 ~2010 年忽高忽低，在 2004 年占比为最低值 5.87%，2009 年达到这 8 年间的最高值 11.63%，不过在 2010 年以后，中部地区战略性新兴产业产值占比呈现平稳上升趋势，2016 年占比达到 13%，也是这 14 年间中部地区战略性新兴产业产值占全国战略性新兴产业总产值比重最高的年份。西部地区战略性新兴产业产值占比逐年变化波动也较大，在 2004 年达到占比的最低值，为 7.98%，2009 年达到占比的最高值，为 13.78%，其他年份占比则呈现无规则波动。

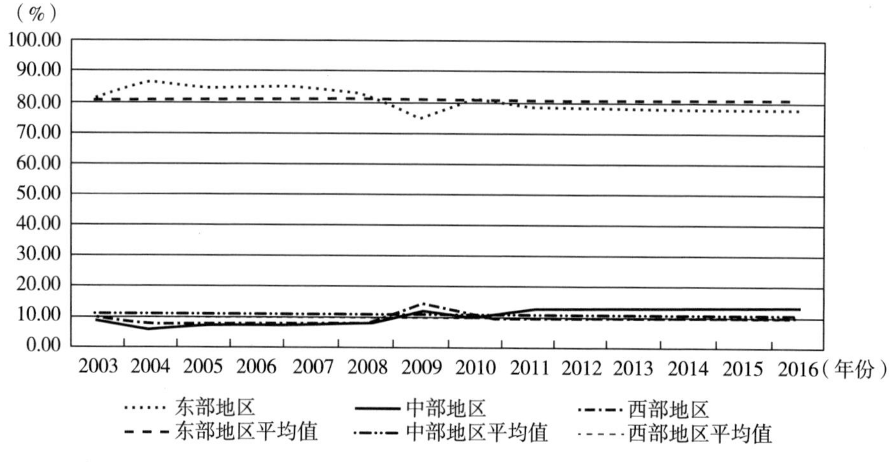

图 3.3　2003 ~2016 年我国战略性新兴产业产值占比空间分布

图 3.4 是 2003 ~2016 年我国战略性新兴产业产值空间分布趋势。从图中可以看出，东部地区战略性新兴产业产值在高速增长（增长速度比西部和中部地区快），变化趋势和全国总产值变化的上升和回落点一致，且二者数值相差无几，证实了东部地区是我国战略性新兴产业发展的主力军。中部地区和西部地区战略

性新兴产业产值大小较为接近，且都呈现缓慢上升趋势。值得注意的是，2003～2009 年，中部地区战略性新兴产业产值小于西部地区战略性新兴产业产值，由于中部地区战略性新兴产业产值增长速度比西部地区快，所以在 2010 年中部地区的战略性新兴产业产值赶超西部地区，2010～2016 年中部地区的战略性新兴产业产值都比西部地区高，且两者的差距在逐渐扩大。这说明随着时间的推移，中部地区战略性新兴产业在奋力崛起。

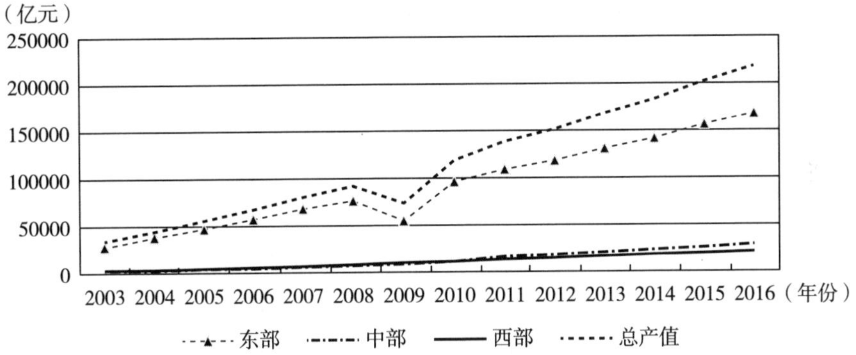

图 3.4　2003～2016 年我国战略性新兴产业产值空间分布趋势

为了更详细地分析我国东部、中部和西部地区战略性新兴产业的发展情况，下面将分别对各地区省市间的战略性新兴产业产值进行对比分析。

图 3.5 为 2003～2016 年东部地区 11 个省份战略性新兴产业产值变化情况。从 11 个省份的战略性新兴产业产值的横向比较来看，广东、江苏的战略性新兴产业产值在东部 11 个省份中排名前二，且远高于其他 9 个省份的战略性新兴产业产值；其次是上海和山东；福建、北京和辽宁 3 个省份战略性新兴产业产值相差无几，这三地的战略性新兴产业发展状况相近；河北和海南两省战略性新兴产业发展状况在东部地区排名最后。从各个省份的战略性新兴产业产值逐年变化情况来看，总体来说，这 11 个省份战略性新兴产业产值基本都呈现逐年递增的趋势，广东和江苏增长速度最快，其次是上海和山东，接着是福建、北京和辽宁，河北和海南两省产值增长速度缓慢。可以发现，东部地区 11 个省份的战略性新兴产业发展规模和产值增速普遍呈现正相关关系，即发展规模（产值）大的省份产值增长速度快，发展规模（产值）小的省份产值增长速度缓慢，这就导致

东部地区各省份战略性新兴产业发展差距越来越大，2003 年广东和海南的产值差为 10120 亿元，到 2016 年两省的产值差距扩大到 51120 亿元。

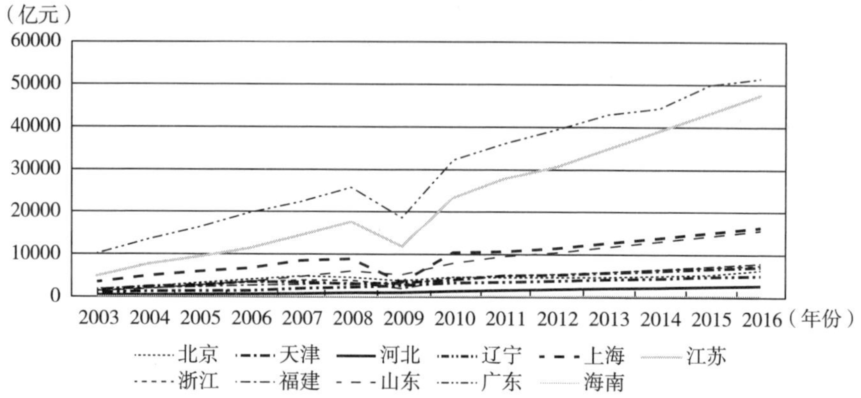

图 3.5　2003～2016 年我国东部地区各省份战略性新兴产业产值变化情况

图 3.6 为 2003～2016 年我国中部地区 8 个省份的战略性新兴产业产值变化情况。从 8 个省份的战略性新兴产业产值的横向比较来看，河南的战略性新兴产业产值在中部 8 省中排名第一；其次是湖北和江西，2015 年之前，湖北的战略性新兴产业产值略高于江西，排名第二，2015 年和 2016 年，江西战略性新兴产业产值赶超湖北，排名位于第二；黑龙江的战略性新兴产业产值在 2003～2005 年在中部 8 省中排名第一，2006 年及以后，由于其他省份都在快速增长，而黑龙江发展态势缓慢，所以其产值位居倒数第二；山西战略性新兴产业产值在中部 8 省中的排名一直垫底。从各个省份战略性新兴产业产值的逐年变化情况来看，总体来说，中部地区大多数省份战略性新兴产业产值都呈现逐年递增的趋势，且增长速度较快，例如河南、湖北、江西、湖南、吉林、安徽的发展态势都很不错；而黑龙江的战略性新兴产业前期发展波动较大，中后期发展态势平稳，以及山西战略性新兴产业产值虽然一直呈现递增趋势，但增长速度较为缓慢，这就导致黑龙江和山西两省与中部其他 6 省的战略性新兴产业发展差距越来越大。

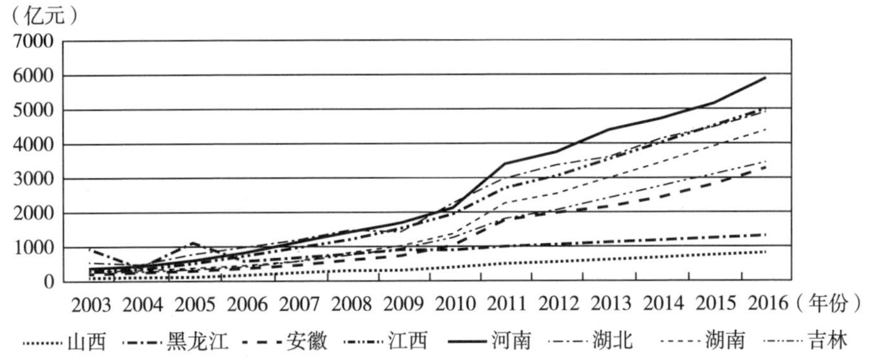

图 3.6　2003～2016 年我国中部地区各省份战略性新兴产业产值变化情况

图 3.7（a）为 2003～2015 年西部地区 11 个省份战略性新兴产业产值变化情况，图 3.7（b）是云南、青海、内蒙古、新疆、甘肃和宁夏 6 个省份数据的放大图。从 11 个省份战略性新兴产业总产值的横向比较来看，四川的战略性新兴产业产值在西部地区 11 个省份中遥遥领先，2016 年四川战略性新兴产业产值为 8177.5 亿元，占西部地区战略性新兴产业总产值的 38.6%；其次是陕西和重庆，2010 年之前，陕西的战略性新兴产业产值远高于重庆，排名第二，但由于 2011 年陕西战略性新兴产业产值骤降，在后面几年回升趋势也较为平缓，重庆战略性新兴产业产值则一直保持较为良好的增长趋势，且在 2011～2016 年增长速度加快，使重庆在 2011 年以后战略性新兴产业产值赶超陕西，排名第二，陕西排名第三；然后是贵州和广西，2003～2010 年贵州战略性新兴产业产值在西部地区排名第四，广西排名处于中游（排名第六或第七），2011～2016 年广西产值增加较快并保持持续增长，甚至赶超贵州，排名上升到第四，贵州排名第五；随后是云南、青海、内蒙古、新疆和甘肃；宁夏的战略性新兴产业产值排名最后，平均年产值约 131.14 亿元。从各省份的战略性新兴产业产值逐年变化情况来看，总体上来说，西部地区各省份战略性新兴产业发展态势差距较大，且增长变化波动较大。例如云南和青海战略性新兴产业发展态势极不稳定，产值变化无规则地忽高忽低；陕西战略性新兴产业在 2003～2008 年呈现较为良好的增长态势，但在 2009～2011 年遭受重创，致使 2011 年产值骤减至 2004 年的水平，后面几年虽有回升，但回升速度较为缓慢；四川战略性新兴产业的发展态势较好，产值逐年增长，但可能是随着发展规模的逐渐扩大，市场趋于饱和，2011 年后其增长速度

在减缓；重庆、广西、内蒙古、新疆和甘肃的战略性新兴产业产值呈现逐年向好的增长态势，且增长速度在加快，说明这几个省份的战略性新兴产业发展空间较加；贵州和宁夏的战略性新兴产业产值在逐年增加，但增长速度较为缓慢。

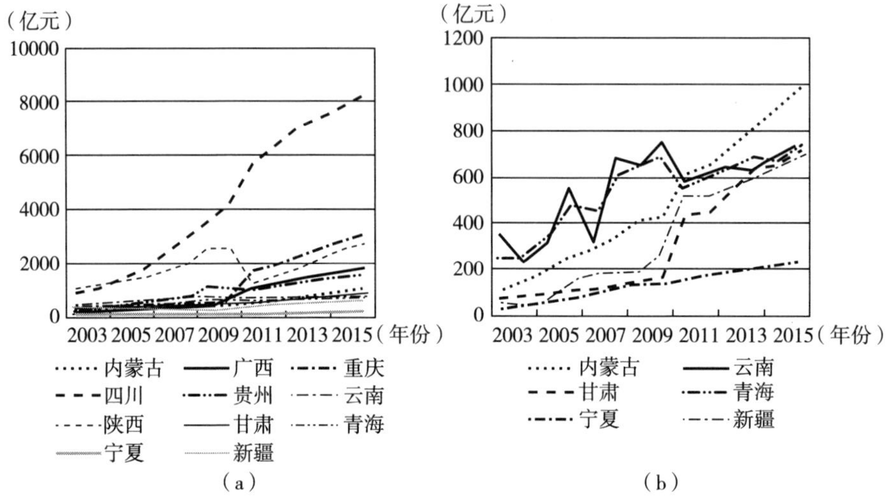

图 3.7　2003～2015 年我国西部地区各省份战略性新兴产业产值变化情况

通过以上对我国战略性新兴产业空间分布特征进行分析可以得出：从总体来看，我国战略性新兴产业东部、中部、西部三大地区的发展规模在不断扩大，各地区的战略性新兴产业产值都在逐年增加。这是一种良好的发展趋势，将有利于我国经济总体增长。但我国战略性新兴产业空间分布也存在以下问题：①东部、中部和西部地区战略性新兴产业发展空间分布严重不均衡。东部地区 11 个省份的战略性新兴产业产值贡献率超过 80%，中部地区和西部地区 19 个省份的战略性新兴产业产值贡献率还不到 20%。产业发展空间分布严重不均衡必将导致地区间更大的贫富差距和社会动荡。②东部地区各省份战略性新兴产业资源分布不均衡。从上述分析可知，东部地区 11 个省份战略性新兴产业发展差距较大，广东和江苏战略性新兴产业发展规模较大，且产值增长速度较快，其他 9 省战略性新兴产业发展规模相对较小，产值增速也相对较慢。这主要是由于广东和江苏地处沿海地区，地理位置优越以及自然资源丰富带来了更大规模的产业集聚和虹吸效应，使广东和江苏战略性新兴产业发展规模持续扩大，产值增速不断加快，而其他省份可利用的资源（自然资源和人才资源）和资本较少，产业发展受到限制。③西部地区各省份战略性新兴产业发展不稳定。从总体经济发展来看，西部地区经济发展相对薄弱，没有良好的经济体系做支撑，战略性新兴产业发展必定也会阻碍重重；且从西部11个省份战略性新兴产业逐年的发展变化可以看出，除四川、重庆、广西、内蒙古、新疆和甘肃六个省份战略性新兴产业产值稳定增长，有较为良好的发展态势外，其他省份战略性新兴产业的发展极不稳定。

3.2.3 战略性新兴产业与环境质量相关性分析

为分析战略性新兴产业与环境质量之间的相关性，本节将从产业增长与污染物增长层面进行剖析。通过对战略性新兴产业的产值增长率与其所产生的污染物增长率作对比，并根据两者的差值大小以及正负符号来判断其产业偏离度。

由于污染物涉及烟尘、废气等四种不同类型，需要采取一定的方法对其进行综合计算，计算污染物增长率需要先对其进行数据处理，所采取的方法为信息学领域的熵值法，能够更科学更客观地进行赋权，四种污染物为烟尘排放量、SO_2排放量、CO_2排放量、COD排放量。

熵值法的具体计算过程如下：首先，对指标进行标准化处理，即 $y_{ij}=\frac{x_{ij}-\min X_j}{\max X_j-\min X_j}+0.0001$，其中，$x_{ij}$表示个体 i 第 j 项指标的原始数值，$\max X_j$ 和 $\min X_j$ 分别表示第 j 项指标的最大值和最小值，y_{ij}为个体 i 第 j 项指标经标准化处理后的数值。然后，计算个体 i 对第 j 项指标的贡献度，即 $p_{ij}=\frac{y_{ij}}{\sum_{i=1}^{n}y_{ij}}$。其次，计算信息熵，$e_j=-\frac{1}{\ln k}\times\sum_{i=1}^{n}p_{ij}\ln p_{ij}$，其中 k 表示样本的个数。再次，计算差异系数，即 $d_j=1-e_j$。又次，得到各指标的权重系数，即 $w_j=\frac{d_j}{\sum_{j=1}^{r}d_j}$，其中 r 表示指标个数，此处为2。最后，计算各个体的综合得分，即 $s_i=\sum_{j=1}^{2}y_{ij}w_j$。

（1）全国层面。2004～2008年，全国的产值增长率呈缓慢下降状态。2008～

2009年，全国的产业增长率从14.45%下降到-20.03%，下降幅度较大。2009~2010年是整个时间段中上升幅度最大的区间。2010年是全国产值增长率最高的年份，增长率为51.45%。同时在2010年以后，产业增长率呈下降趋势，且逐渐稳定在10%左右。

全国的污染物增长率曲线先上升后下降。其中2005年是其最高点，即403.29%，2016年是其最低点，即-19.28%。值得注意的是，2004~2015年，污染物增长率都是正数，表明污染物排放一直是困扰我国战略性新兴产业发展的一大问题。

从全国范围来看，产业发展偏离度总体呈上升趋势。其中2005年为最低点，也就是说，产值增长率与污染物增长率之间的差额最小，即-3.7813%。2010年为最高点，即产值增长率大大地超过了污染物增长率。总的来说，除2004~2007年产业发展偏离度变化较大外，其他时间较为稳定。

（2）东部地区分析。2003~2016年，东部地区的战略性新兴产业都有所发展。其中在2010年发展最快，其产值增长率达75.14%。只有在2009年其产值增长率为负。但是总体来说，东部地区的产值增长率呈现较为平稳的发展趋势。特别是2011~2016年，其产值增长率稳定在7%~14%。

2004年污染物增长最多，相比上年增长115.96%。从2004年开始，污染物增长率呈逐年下降趋势，特别是在2009年，污染物增长率达到最低点，即0.52%。但是此后，污染物增长率有所回升，直到2012年才开始有下降的趋势。其中2012~2013年仅一年间就下降了73.38个百分点，其后的污染物增长率逐渐得到控制。

在2007年、2010年以及2016年，东部地区的战略性新兴产业产值增长率超过污染物增长率，2010年，产值增长率超过污染物增长率达75.4个百分点。其余年份污染物增长速度快于产值增长速度。在2010~2013年，虽然产值增长速度慢于污染物增长速度，但是两者相差不大①。

（3）中部地区分析。中部地区战略性新兴产业产值增长率在2004~2012年波动较大，特别是2004~2005年，整整一年就从-13.5%增长到58.74%。其

① 陈茹，王兵，卢金勇．环境管制与工业生产率增长：东部地区的实证研究［J］．产经评论，2010（2）：74-83.

中，2015 年是增长率最高的年份，2006 年是产值增长率最低的年份，低至 9.15%。从 2012 年以后，战略性新兴产业的增长率稳定在 10% 左右。但是从总体来看，中部地区的产值增长率呈下降趋势。

中部地区的污染物增长率发展曲线呈倒 V 形。2004 年是中部地区污染物增长率最低的一年，低至 96.77%。2005 年是其污染物增长率最高的一年，2015 年中部地区的污染物排放大约是 2004 年的 165 倍。但是在 2006 年之后，污染物增长率大幅度下降，逐渐稳定在 10% 左右①。

将中部地区战略性新兴产业的产值增长率与其污染物增长率进行比较，我们发现，只有个别年份，产值增长率低于污染物增长率，其中在 2005 年两者之间相差最大，主要是因为 2005 年污染物增长率较高。也是在 2005 年以后，产值增长速度与污染物增长速度之间的差距慢慢减小，总体来说，产值增长速度是快于污染物增长速度的，其中 2004 年产值增长率与污染物增长率的差为正值，为 83.28%。

（4）西部地区分析。西部地区的产值增长率曲线呈波浪式下降趋势。其中，2005 年西部地区战略性新兴产业的产值增长率最大，即 28.28%，2016 年是其产值增长率最低的年份，增长率为 6.96%。从总体上来看，2004～2010 年的波动幅度较大，其后波动幅度逐渐变小。

西部地区战略性新兴产业污染物增长率曲线总体上呈下降趋势，但是在某些年份变动比较大。2004～2007 年是第一个高峰区间，其中 2005 年的污染物增长率达到 703.88%。2014～2016 年是第二个高峰区间，其中 2015 年的污染物增长率达到 103.2%。2016 年为污染物增长率最低点，即 -42.32%。这表明西部地区对污染物排放的控制有所成效。

通过西部地区战略性新兴产业产值增长率与污染物增长率之间的比较可知，在 2007 年、2009 年、2010 年、2013 年以及 2016 年，产值增长率大于污染物增长率，其中 2016 年产业增长率超过污染物增长率的程度最大，即 49.28 个百分点。其他年份产值增长率都小于污染物增长率，其中以 2005 年为最低点，即污染物增长率大约比产值增长率低 675.61 个百分点。虽然产业发展偏离度在 2016

① 庞瑞芝．中国省际工业增长模式与提升路径分析——基于工业部门全要素能源效率视角［J］．中国地质大学学报（社会科学版），2011（4）：28－33.

年有稍微的上升趋势，但是不影响总体的趋向，即总体趋于稳定，且围绕5%上下波动。

（5）节能环保产业分析。通过分析2004~2016年节能环保产业的产值增长率变动情况可知，2004~2011年，其产值增长率主要围绕25%上下波动。2012~2016年，其产值增长率在10%附近波动。所以，节能环保产业的产值增产率呈下降趋势。其中最大值在2005年，即31.2%；最小值在2016年，即7.89%。总的来看，每一年的产值增长率都在7%以上。由此可知，节能环保产业的发展还是较为稳定的。

节能环保产业的污染物增长率呈明显的下降状态，类似于反比例函数在第一象限的图形。

2004年是污染物增长率最高的年份，其污染物增长率高达1080个百分点。2016年是污染物增长率最低的年份，其污染物增长率为负，同时也是样本中仅有的一个污染物负增长的年份。

将节能环保产业的产值增长率与污染物增长率进行相减，得到5个结果为正的年份以及6个结果为负的年份。2004~2008年，节能环保产业的产值增长率跟不上其污染物增长率。从2009年开始，其产值增长率超过了污染物增长率，也就是说，其期望产出超过了其非期望产出，表明其产业发展偏度在缓慢变大。2016年达到最大值，即25.57%。

（6）新一代信息技术产业分析。从新一代信息技术产业的产值增长率变动来看，2004~2009年，其产值增长率从40.08%下降到-32.13%；2009~2010年，其产值增长率转而大幅回升；从2010年以后，其产值增长率呈下降趋势。总的来看，只有2009年其产值增长为负数，其他时间新一代信息技术产业的产值都在不同程度上有所增长。

2004~2016年，新一代信息技术产业的污染物增长总体呈不断下降的态势。2004年为其污染物增长率最高的年份，即5.4267%；2016年是其污染物增长率最低的年份，即-14.85%。2004~2006年是其污染物增长率下降速度较快的年份。2007~2016年，其污染物增长率虽有所变动，但是变动幅度不大。

将新一代信息技术产业的产值增长率与污染物增长率进行比较，得到其产业发展偏离度。由新一代信息技术产业的产业发展偏离度变化曲线可知，2005年是其产业发展偏离度最低的一年，偏离度为-3.7813%，2010年是其产业发展偏离度最高的一年，偏离度为 49.66%；其产业发展偏离度曲线总体呈上升趋势；2007 年是新一代信息技术产业的产业增长率首次超过其污染物增长率的年份，从 2007 年以后，其产业发展偏离度较为平稳，大体上围绕 0 上下波动。

（7）生物医药产业分析。生物医药产业的产值增长率总体上呈下降趋势。2005 年是其产值增长率最高的一年，即 31.17%；2016 年是其产值增长率最低的一年，即 7.89%。2004～2010 年，其产值增长率在 25% 附近波动且波动幅度较大。2011～2016 年，其产值增长率围绕 10% 波动，但是其波动幅度不大。总体来看，生物医药产业的产值增长率都大于 5%。

生物医药产业的污染物增长率下降趋势较为明显。2004～2016 年，生物医药产业的污染物增长率从 10.9% 下降到 -0.177%，下降幅度较大。从 2006 年之后，其污染物增长率增长幅度减慢并趋于稳定。2016 年首次实现污染物负增长。

通过比较生物医药产业的产值增长率和污染物增长率可知，2009 年、2010 年、2011 年、2013 年和 2016 年是其产值增长率大于污染物增长率的年份，且其年份分布较为集中。2004 年是其产业发展偏离度最小的年份，偏离度为 -10.7788%；2011 年是其产业发展偏离度最大的年份，偏离度为 2.65%。可见其产业发展偏离度变化较大，但是总体呈上升趋势且趋于稳定。

（8）高端装备制造产业分析。高端装备制造产业的产值增长率总体呈现先上升后下降的发展态势。2004～2005 年，其产值增长率上升较为显著。2005～2006 年，其产值增长率下降较为显著。从 2006 年之后，其产值增长率逐渐趋于平稳，在 10% 附近波动。其中最高点出现在 2005 年，最低点出现在 2004 年。

高端装备制造产业的污染物增长率变动曲线呈倒 V 形。2004～2005 年为污染物增长率上升的时间区间，2005～2015 年为污染物增长率不断下降的时间区间。2004～2006 年是其污染物增长率变动最大的一个时间区间。污染物增长率最大值出现在 2005 年，即 26.5116%，其最小值在 2004 年，即 -87.32%。

由高端装备制造产业的产值增长率与其污染物增长率相减得到的折线图可知，该曲线总体呈 V 形。2004～2005 年，该曲线呈向下发展状态且变动幅度较大。具体来说，是从 2004 年的 0.7661% 下降到 -25.9534%。其中 2004 年是其最大值所在的年份，2005 年是其最小值所在的年份。2005～2007 年是上升趋向比较显著的时间区间。从 2007 年以后，曲线趋于平稳且偏离度在 0 附近进行较小的波动①。

（9）新能源产业分析。新能源产业的产值增长率主要在2008～2011年变化比较大。其中2009年其产值增长率最低，为－32.12%，2010年其产值增长率最高，为83.83%。2004～2009年以及2011～2016年是产值增长率变化较小的时间区间，其中2011～2016年其产值增长率一直保持在0～0.2%。

新能源产业的污染物增长率呈明显的下降趋势。2004～2006年是污染物增长率下降较快的时间区间。从2006年以后，污染物增长率的下降速度较为缓慢。到2016年，新能源产业的污染物增长率首次为负。其中2004年污染物增长率最高，为5.4267%，2016年污染物增长率最低，为－0.1484%。

2010年、2011年、2013年与2015年是新能源产业的产值增长率超过污染物增长率的年份。在其他年份，其产值增长速度均小于污染物增长速度。其中其产业发展偏离度最大值在2010年，即0.6532；最小值在2004年，即－5.0259。从整体年份区间来看，其产业增长率由原来的与污染物增长率之间有较大差距，变为后期逐渐接近甚至赶超污染物增长率。

（10）新材料产业分析。新材料产业的产值增长率曲线总体呈现先上升后下降的趋势。2004～2006年是其产值增长率曲线变动最大的时间区间。从2007年以后，其产值增长率曲线变动幅度逐渐减小甚至趋于平稳。新材料产业产值增长率最大值在2005年，为55.78%，最小值在2004年，即－10.7%。

新材料产业的污染物增长率曲线大体呈倒V形。2004～2006年是其污染物增长率的一个较为显著的高峰，其中，2004年是其污染物增长率最低的年份，低至－0.8717%，2005年是其污染物增长率最高的年份，增长率高达26.1954%。从2006年以后，其污染物增长率趋于平缓并在偏离度0附近波动。

新材料产业的产业发展偏离度曲线大致呈V形。2004～2005年，该产业偏离度曲线在迅速下降。2005～2006年，该产业偏离度曲线又在快速上升。从2006年以后，该产业偏离度曲线趋于平稳。可见2005年是其偏离度最小的年份，其值为－25.6376%。同时其偏离度最大的年份在2004年，其值为0.7647%。

（11）新能源汽车产业分析。新能源汽车产业的产值增长率的变动幅度随着

① 赵世勇，陈其广．产权改革模式与企业技术效率——基于中国制造业改制企业数据的实证研究[J]．经济研究，2007（11）：71－81.

时间的推移而减小。2004～2006年是其产值增长率曲线的一个显著的高峰。从2006年以后，其产值增长率逐渐趋于10%。其中该产值增长率最大值在2005年，即0.1156%；最小值在2004年，即－0.1070%。

新能源汽车产业的污染物增长率曲线主要在2004～2006年存在一个显著的高峰。从2006年之后，该污染物增长率变化较小且主要在0附近波动。其中该污染物增长率的最大值在2005年，即28.2716%，最小值在2004年，即－0.8805%。

新能源汽车产业的产业发展偏离度曲线呈V形。2005年是该产业发展偏离度的一个拐点，在2005年以前，其产业发展偏离度快速变小，从2005年以后，曲线大致是上升趋势。特别是2006年以后，其产业发展偏离度趋于0。其中最大值出现在2004年，即0.7735%，最小值在2005年，即－27.7132%。

（12）全国与各地区之间的分析。全国的战略性新兴产业产值增长率变动趋势整体向下，这与东部、中部以及西部地区的产值增长率变动趋势较为一致，且最终都趋于10%左右。其中东部地区的产值增长率走向与全国的产值增长率走向最为贴合。这反映出东部地区的战略性新兴产业在很大程度上代表了中国整个战略性新兴产业的发展水平。中部地区的产值增长率在2004～2012年波动较大，这与全国的情况是一致的。西部地区的产业增长率一直在缓慢降低，这与全国的情况有较大的差别。

全国的污染物增长率变动情况与东部、中部以及西部地区相一致，主要是在2004～2006年，污染物增长率的变动较为明显。全国、东部、中部和西部地区在2005年以前，其污染物增长率呈上升趋势，在2005年之后则呈下降趋势，并且趋于0。其中在2004～2006年中部地区的污染物增长率的变动较其他地区较大。2005年中部地区的污染物增长率高达164.7%，而其他地区在2005年的污染物增长率都在0～20%。

全国与其他地区的产业发展偏离度曲线变动基本一致，曲线的变动方向都是上升的。东部地区的产业发展偏离度曲线始终围绕着偏离度0波动。西部地区与全国的曲线变动状态最为贴切。2005～2007年中部地区的产业发展偏离度变动最大，其中在2005年的值最小，即－164.1126（见表3.2、图3.8）。

表 3.2 产业偏离度与各地区比较

年份	全国			东部			中部			西部		
	OR	PR	ID	OR	PR	ID	OR	PR	ID	OR	PR	ID
2004	0.2305	1.9583	-1.7279	0.377	1.1596	-0.7825	-0.135	-0.9677	0.8328	0.0747	0.2118	-0.1371
2005	0.2516	4.0329	-3.7813	0.2258	0.7414	-0.5156	0.5874	164.7	-164.1126	0.2828	7.0388	-6.7561
2006	0.2088	0.7696	-0.5608	0.216	0.4675	-0.2515	0.0915	0.0863	0.0052	0.2417	1.5713	-1.3295
2007	0.1933	0.2098	-0.0165	0.1881	0.1277	0.0604	0.2851	0.4767	-0.1915	0.1729	0.0291	0.1438
2008	0.1445	0.1895	-0.0451	0.1236	0.1603	-0.0366	0.2669	0.2641	0.0028	0.2502	0.2707	-0.0205
2009	-0.2003	0.0033	-0.2036	-0.2811	-0.0052	-0.2759	0.1608	0.1116	0.0492	0.2215	-0.1386	0.3602
2010	0.6145	0.1179	0.4966	0.7514	-0.0026	0.754	0.3193	0.1957	0.1236	0.1227	0.0075	0.1152
2011	0.1669	0.1796	-0.0128	0.1332	0.32	-0.1868	0.4499	0.0618	0.3881	0.1705	0.2239	-0.0534
2012	0.0927	0.4909	-0.3981	0.0862	0.8605	-0.7743	0.1197	0.5027	-0.3831	0.1127	0.3517	-0.239
2013	0.1118	0.0895	0.0223	0.1065	0.1267	-0.0202	0.1349	0.0554	0.0795	0.126	0.0901	0.0359
2014	0.0875	0.1098	-0.0223	0.0816	0.1122	-0.0306	0.1237	0.1096	0.0141	0.0888	0.1134	-0.0246
2015	0.1042	0.4864	-0.3822	0.1053	0.1186	-0.0133	0.1101	0.0906	0.0195	0.0884	1.032	-0.9435
2016	0.0789	-0.1928	0.2717	0.0735	0.0677	0.0058	0.1184	0.0999	0.0185	0.0696	-0.4232	0.4928

注：OR 代表产值增长率，PR 代表污染物增长率，ID 代表产业发展偏离度。

（13）全国与各产业的分析。全国与各产业的产值增长率发展趋势都比较一致，总体呈下降趋势，并且趋向于 10%。2004～2012 年，全国和各产业的产值增长率变化都比较明显，其中变化最为显著的是新能源产业和节能环保产业，新一代信息技术产业和新能源汽车产业相对于前者来说，变动程度则相对缓和。在全国与各产业的比较当中，最小值在2009 年，即 -0.3213，最大值在2010 年，即0.8383。

全国和各产业的污染物增长变动总体上都随着年份的增加而减小，并且趋于0。2004～2006 年是全国以及各产业污染物增长变动较大的时间区间。其中，高端装备制造产业和新能源汽车产业污染物增长率在 2004～2006 年有一个显著的高峰。而生物医药产业和新能源产业污染物增长率在 2004～2006 年则呈线性的下降趋势。从 2006 年后，全国和各地区污染物增长率的变动趋向和程度明显一致。

全国的产业发展偏离度呈上升趋势，且趋向于 0，各产业的产业发展偏离度也是如此（见图 3.9）。2004～2007 年是全国以及各行业产业发展偏离度变化较大的时间区间，新能源汽车产业等产业的变动程度最为明显。生物医药产业和新能源产业的产业发展偏离度在 2004～2007 年呈明显的线性发展趋势，其中，最小值在新能源汽车产业。

表 3.3 全国与各产业产业偏离度比较

年份		2004	2005	2006	2007	2008	2009	2010	2011	2012	2013	2014	2015	2016
全国	OR	0.2305	0.2516	0.2088	0.1933	0.1445	-0.2003	0.6145	0.1669	0.0927	0.1118	0.0875	0.1042	0.0789
	PR	1.9583	4.0329	0.7696	0.2098	0.1895	0.0033	0.1179	0.1796	0.4909	0.0895	0.1098	0.4864	-0.1928
	ID	-1.7279	-3.7813	-0.5608	-0.0165	-0.0451	-0.2036	0.4966	-0.0128	-0.3981	0.0223	-0.0223	-0.3822	0.2717
D1	OR	0.1212	0.3120	0.1805	0.2680	0.2379	0.1994	0.2435	0.2727	0.0927	0.1118	0.0875	0.1042	0.0789
	PR	10.8000	4.5847	0.6904	0.4659	0.2860	0.1081	0.2269	0.2459	0.5139	0.0951	0.1129	0.4679	-0.1769
	ID	-10.6788	-4.2727	-0.5099	-0.1979	-0.0481	0.0913	0.0166	0.0268	-0.4212	0.0168	-0.0254	-0.3637	0.2557
D2	OR	0.4008	0.2131	0.2250	0.1844	0.1176	-0.3213	0.8383	0.1615	0.0927	0.1118	0.0875	0.1042	0.0789
	PR	5.4267	1.7282	0.4768	0.2461	0.1355	0.1015	0.1843	0.1146	0.4349	0.0870	0.1022	0.4016	-0.1485
	ID	-5.0259	-1.5151	-0.2519	-0.0618	-0.0179	-0.4229	0.6539	0.0468	-0.3422	0.0248	-0.0147	-0.2974	0.2274
D3	OR	0.1212	0.3117	0.1809	0.2677	0.2380	0.1993	0.2435	0.2728	0.0927	0.1118	0.0875	0.1042	0.0789
	PR	10.9000	4.5462	0.6879	0.4668	0.2852	0.1081	0.2269	0.2462	0.5135	0.0951	0.1129	0.4679	-0.1770
	ID	-10.7788	-4.2345	-0.5070	-0.1991	-0.0471	0.0912	0.0166	0.0265	-0.4208	0.0168	-0.0254	-0.3637	0.2558
D4	OR	-0.1070	0.5582	0.1154	0.1517	0.2275	0.1031	0.1712	-0.0189	0.0927	0.1118	0.0875	0.1042	0.0789
	PR	-0.8732	26.5116	0.9222	-0.0253	0.1978	-0.1750	-0.0274	0.0974	0.3366	0.0739	0.0870	0.3239	-0.1153
	ID	0.7661	-25.9534	-0.8068	0.1770	0.0297	0.2781	0.1986	-0.1163	-0.2439	0.0379	0.0005	-0.2196	0.1942

续表

年份		2004	2005	2006	2007	2008	2009	2010	2011	2012	2013	2014	2015	2016
D5	OR	0.4008	0.2131	0.2250	0.1844	0.1176	-0.3213	0.8383	0.1615	0.0927	0.1118	0.0875	0.1042	0.0789
	PR	5.4267	1.7241	0.4783	0.2457	0.1352	0.1020	0.1851	0.1146	0.4349	0.0870	0.1024	0.4014	-0.1484
	ID	-5.0259	-1.5110	-0.2533	-0.0614	-0.0176	-0.4233	0.6532	0.0468	-0.3422	0.0248	-0.0149	-0.2972	0.2273
D6	OR	-0.1070	0.5578	0.1154	0.1519	0.2274	0.1034	0.1711	-0.0189	0.0927	0.1118	0.0875	0.1042	0.0789
	PR	-0.8717	26.1954	0.9227	-0.0220	0.1933	-0.1733	-0.0289	0.0964	0.3370	0.0738	0.0872	0.3241	-0.1153
	ID	0.7647	-25.6376	-0.8073	0.1739	0.0341	0.2767	0.2000	-0.1153	-0.2443	0.0381	0.0003	-0.2199	0.1942
D7	OR	-0.1070	0.5584	0.1156	0.1516	0.2276	0.1030	0.1711	-0.0188	0.0927	0.1118	0.0875	0.1042	0.0789
	PR	-0.8805	28.2716	0.9186	-0.0242	0.1982	-0.1758	-0.0271	0.0964	0.3368	0.0737	0.0872	0.3236	-0.1151
	ID	0.7735	-27.7132	-0.8030	0.1758	0.0293	0.2788	0.1983	-0.1152	-0.2441	0.0381	0.0003	-0.2193	0.1940

注：D1 代表节能环保产业，D2 代表新一代信息技术产业，D3 代表生物医药产业，D4 代表高端装备制造产业，D5 代表新能源产业，D6 代表新材料产业，D7 代表新能源汽车产业。

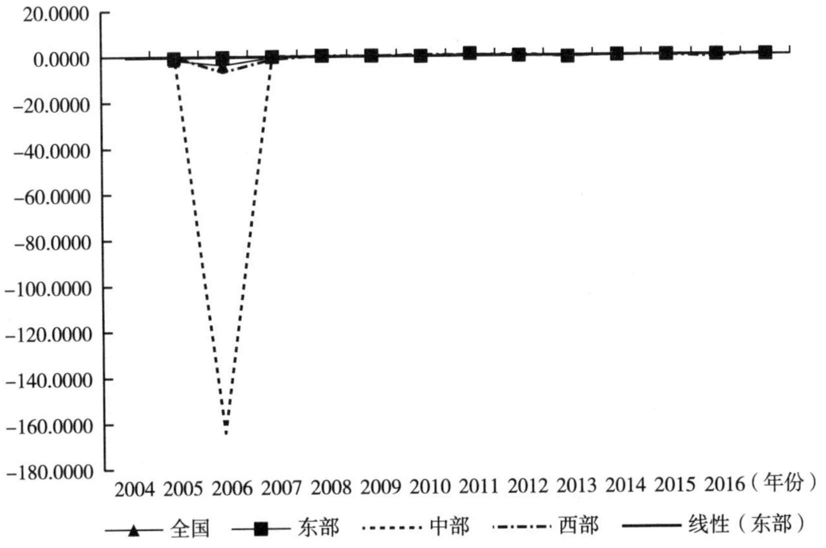

图 3.8　区域产业发展偏离度

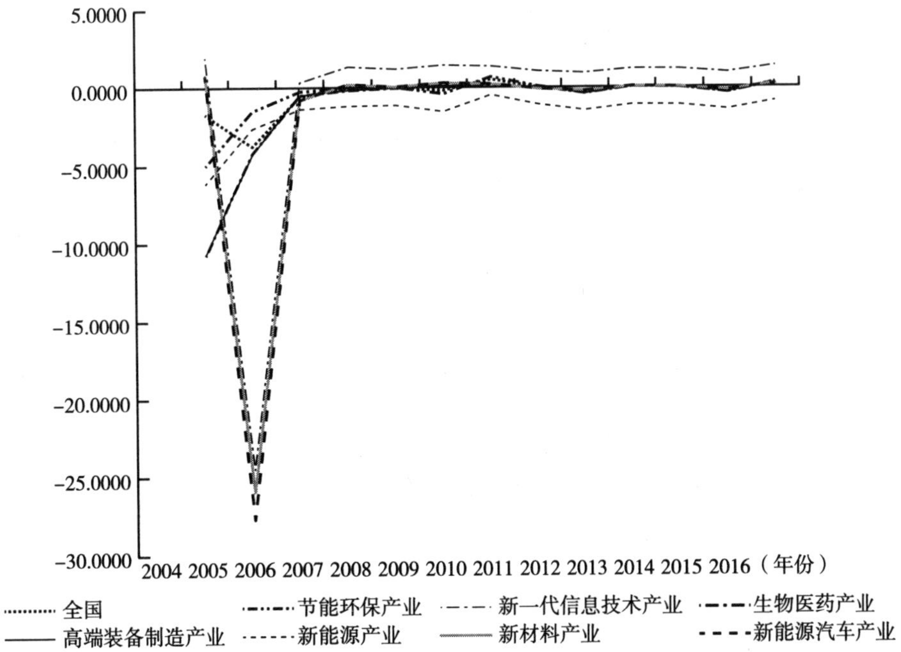

图 3.9　七大产业发展偏离度

3.3 战略性新兴产业发展面临的挑战

3.3.1 战略性新兴产业可持续发展困境

（1）产业发展不均衡，结构转型难度大。产业发展不均衡是目前我国战略性新兴产业发展面临的难题之一。按照现在战略性新兴产业的发展趋势，随着时间的推移，我国新一代信息技术产业和新能源产业发展规模还将继续扩大，最终市场上将形成新一代信息技术产业和新能源产业两家独大的局面，而新能源汽车产业、高端装备制造产业和新材料产业由于发展规模小、产值低且无良好发展态势会被迫退出市场，我国战略性新兴产业发展形成结构单一化局面。产业结构的单一化形成单一化的生产方式，不利于产业结构的转型升级，且产业发展的不均衡也会造成资源利用的不均衡，不利于资源利用的可持续性①。

（2）空间分布不均衡，贫富差距加大。空间分布不均衡是目前我国战略性新兴产业发展面临的又一难题。按照现在战略性新兴产业的空间分布特征，随着时间的推移，我国东部地区战略性新兴产业发展规模还将继续扩大，中部地区和西部地区战略性新兴产业产值占比会继续缩小。产业空间分布不均衡不利于经济的全面发展和社会稳定；同时由于产业的集聚效应和虹吸效应，会使资本和资源发生转移，进而产业发生转移，使得我国东部、中部和西部地区经济发展更加不均衡，进而加大地区间的贫富差距，甚至导致出现社会动荡②。

无论是产业发展不均衡导致的结构转型难度大，还是空间分布不均衡导致的贫富差距加大，归根结底是会形成高成本、低效率的经济增长模式；会导致资源和资本利用率低下；会加大地区间的贫富差距，降低社会的总体福利，进而对经济的可持续发展造成威胁。

① 张银银，邓玲．创新驱动传统产业向战略性新兴产业转型升级：机理与路径［J］．经济体制改革，2013（5）：97－101.

② 彭国华．中国地区收入差距、全要素生产率及其收敛分析［J］．经济研究，2005（9）：19－29.

3.3.2 战略性新兴产业与生态环境的融合困境

（1）中部地区发展压力较大。

全国与其他地区的产业发展偏离度曲线变动基本一致，曲线的变动方向都是上升的。东部的产业发展偏离度曲线始终围绕着偏离度0波动。西部与全国的曲线变动状态最为贴切。中部地区产业发展偏离度在2005～2007年的变动最大，其在2006年的值最小，为－164.1126。这表明中部地区存在较大的发展困境，存在较不稳定的偏离问题，且其对于生态环境的影响在部分年份十分巨大①。

（2）部分产业生态压力较大。

全国的产业发展偏离度呈上升趋势，且趋向于0，各产业的产业发展偏离度也是如此。2004～2007年是全国以及各行业产业发展偏离度变化较大的时间区间，新能源汽车等产业的变动程度最为明显。这表明战略性新兴产业的发展存在部分偏离问题，生态环境保护的压力较大，其中新能源汽车出现负向最小值，其经济增长速度远远小于污染物增长速度②。

3.4 本章小结

本章是针对战略性新兴产业发展现状及面临的挑战的分析。首先，对战略性新兴产业的概念进行了严格界定；其次，从战略性新兴产业的动态演进、战略性新兴产业的空间分布和战略性新兴产业与环境质量相关性三方面对战略性新兴产业的发展状况进行了分析，分析得出我国战略性新兴产业发展存在产业发展不均衡、空间分布不均衡和生态发展压力大等问题；最后，基于以上两节分析总结出我国战略性新兴产业发展存在非常严重的不可持续性威胁，以及战略性新兴产业与生态环境的融合所面临的巨大挑战。

---

① 胡鞍钢，郑京海，高宇宁，张宁，许海萍．考虑环境因素的省级技术效率排名（1999—2005）［J］．经济学（季刊），2008（3）：933－960.

② 关海玲．省域低碳生态城市的全要素生产率测算及其收敛分析［J］．统计与决策，2013（24）：99－102.

4 战略性新兴产业环境效率测度及其特征分析

在前一章中，本书对战略性新兴产业的内涵概念进行了界定，在此基础上分析了我国战略性新兴产业的发展现状，并剖析了战略性新兴产业在未来所面临的挑战。在本章中，我们将对战略性新兴产业的环境效率进行测度并对其特征展开分析。

4.1 战略性新兴产业环境效率的概念界定

4.1.1 基本内涵

当前我国城市群污染问题日益严重，伴随着中国粗放式制造业扩张达到极限，中国的世界工厂地位奠定。然而，中国同时也进入了环境压力高峰期。我国环境污染存在以下几个特点：从发生地域上看，环境污染已经从经济发达地区向中西部地区蔓延，低端产业向中西部地区迁移带来了大量的环境污染问题；从环境污染的分布看，从空气到土地，从地面到地下都存在严重的环境污染与破坏。因此，考察区域经济发展和生产率评价时就不能不考虑环境因素带来的影响。

借鉴 Färe 等（2007）[①]、王兵和颜鹏飞（2006）[②] 的研究，本书认为，环境效率是一个既包含好产出又包含坏产出的生产可能集。这个生产可能集是为实现资源节约、环境保护、经济发展的目标而采用的全部方法、活动、手段的可能性集合。对生产部门而言，环境效率是在考虑环境污染因素时，以及要素投入既定的情况下，实现正的产出最大化和负的产出（环境污染）最小化的结合。

环境效率是对传统技术效率的改进。过去研究环境效率更多的是对投入和产出之间关系的比对，即实现“投入最小、产出最多”；而现在研究环境效率则是对这种计算的修正，将在传统投入和产出的计算过程中引入资源和环境的概念，即要实现“投入最小、产出最多、污染最小、能耗最低”的目标。研究环境约束下战略性新兴产业的环境效率在当前环境压力与日俱增的形势下具有特别重要的意义，有助于政府和社会对经济可持续发展的水平进行一个综合的评判。

4.1.2 战略性新兴产业环境效率的主要外延

战略性新兴产业作为推动区域经济发展的重要增长极、动力极，对国民经济可持续发展具有重要的指引作用。作为一个发展中国家，尤其是当前我国正处于建设现代化强国的关键“爬坡期”，如果能扩大战略性新兴产业的发展规模，提升其质量，将有利于我国调整产业结构和经济发展模式，促进实体经济和制造业的大规模发展，因此发展战略性新兴产业不仅对于我国产业的调整具有重大的战略意义和价值，更对国民经济的发展具有重大的推动作用。

目前虽然国家强化了对环境治理和保护的投入和监管，但我国整体环境问题依然突出，大气污染、水污染等问题层出不穷，各地面临经济发展和环境保护的双重压力，整体区域生态环境恶化的趋势没有得到改变。尤其是当前随着居民对优美生态环境需求的进一步增大，如何协调发展和环境之间的冲突显得尤为重要。另外考虑到当前有限的资源和能源，如何科学推动经济增长的有效性和高质量发展成为研究的重要课题，所以在产业评价中引入资源环境因素，对客观评价产业发展水平和质量具有重要的指导作用。

---

① Färe R., Grosskopf S., Pasurka Jr C. A. Environmental production functions and environmental directional distance functions [J]. Energy, 2007, 32 (7): 1055－1066.

② 王兵，颜鹏飞．中国的生产率与效率：1952～2000——基于时间序列的 DEA 分析［J］．数量经济技术经济研究，2006（8）：22－30.

战略性新兴产业在培育的初期存在技术储备不足、产品技术含量弱等客观问题。我国自改革开放以后，战略性新兴产业的发展从无到有、从弱到强，虽然取得了很大的进步，但距离发达国家依然有很大的差距，在某些产业方面存在重要设备靠进口、重要技术靠引进的问题，因此我国战略性新兴产业的发展要解决环境约束的问题，走创新驱动绿色发展的新道路，对战略性新兴产业环境效率的研究有利于我们从科学的层面评价、衡量战略性新兴产业发展的水平，科学考量战略性新兴产业资源环境利用效率的情况。

4.2 战略性新兴产业环境效率测度方法与数据处理

4.2.1 战略性新兴产业环境效率测度方法

4.2.1.1 DEA 模型

（1）基本原理。本章所采用的数据包络分析法（Data Envelopment Analysis, DEA）是 1978 由 Charnes、Cooper 和 Rhodes 依据 Farrell（1957）[①] 提出的技术效率概念发展而来的，简称 DEA 模型。它根据样本中最优效率部门的效率数据构建生产的可能性边界，这一可能性边界代表了样本中一组研究对象的实际最好绩效，而不是理想的理论标准。这种边界是那些效率最优的研究对象的效率分值构成的集合，通过将不同样本对象的效率观察值与样本中最优对象的效率进行比较，就能判断样本对象（尤其是效率较差的对象）的效率，并进一步探究这些对象提供低效率服务的原因，然后激励它们与高效率部门共同实现效率最优目标。

DEA 模型是一个包络模型，采用包络技术代替了传统的生产函数，包络就是生产效率前沿边界。DEA 模型认为在包络线上的决策单元，是最优效率的存在，效率值为 1。对于不在包络线上的决策单元，DEA 模型所测得的效率评估值

① Farrell M. J. The measurement of productive efficiency［J］. Journal of the Royal Statistical Society: Series A（General）, 1957, 120（3）: 253－281.

为 0 ~ 1：1 代表 DMU 的相对有效率，否则代表无效率。DEA 方法自 20 世纪 70 年代末引入效率测度研究以来，已经在生产部门、行业、政府等多个领域得到广泛的应用和发展，成为具有相同投入产出的多部门效率的评价方法。

DEA 方法是无参的，因此是一个“黑箱”的模型，数据包络分析方法不能构建具体的模型函数，而是采用线性规划的方法评估一组决策单元（Decision Making Unit，DMU）的相对效率，将处于最优效率的决策单元用一条“包络”线构成一个生产前沿（Production Frontier），形成了一条由最优投入产出点组成的边界曲线。各决策单元的效率由决策单元落在边界曲线的哪个位置决定；根据其与生产前沿包络曲线的距离，判断被评价决策单元的相对效率值的大小。

（2）基本模型。CCR 模型是 DEA 的基本模型，1978 年由著名的运筹学家 Charnes 提出。C2R 模型分为两种形式：一种是分式规划，另一种是线性规划。基于凸性、锥性、无效性和最小性的公理假设，C2R 模型为：

$$\min\theta - \varepsilon(\hat{e}_T s^- + e_T s^+)$$

$$\text{s.t.} \quad \sum_{j-1}^{n} x_j\lambda_j + s^- = \theta x_0$$

$$\sum_{j-1}^{n} y_j\lambda_j - s^+ = y_0$$

$$\lambda_j \geqslant 0,\ j=1,\ 2,\ 3,\ \cdots,\ n,\ \theta \in E_1^+,\ s^+ \geqslant 0,\ s^- \geqslant 0 \tag{4.1}$$

式中，$e=(1,\ 1,\ 1,\ \cdots,\ 1)^T \in E_m^+$，$e=(1,\ 1,\ 1,\ \cdots,\ 1)^T \in E_s^+$，$\varepsilon$ 为阿基米德无穷小量，在计算时可取 $\varepsilon = 10^{-\varepsilon}$，$s^-$ 代表投入项的冗余值，s^+ 代表产出项的冗余值，λ_j 为赋予各 DMU 的乘数。根据文献（李尽法，2011）① 得到如下结论：若（D^{ε}_{CCR}）的最优解为 θ_0，θ 则代表待评价 DMU 所有投入等比例减少程度。λ_0，$(j=1,\ 2,\ 3,\ \cdots,\ n)$ s^-，s^+ 满足 $\theta_0=1$，$s^-=0$，$s^+=0$，则 DMU_{j0} 为 DEA 有效，DMU 达到帕累托最优，效率值为 1，生产效率达到最大值。

BCC 模型对 CCR 模型的假设进一步放宽，在 CCR 模型中，假设的是固定规模的情况，但是现实中并不是所有 DMU 都是在特定适合的固定规模下运营生产

① 李尽法. 基于 SE - DEA 的财政科技投入效率测度实证研究［J］. 科技管理研究，2011，31（15）：69 - 71，90.

的，而是经常处于变动的规模下运营。Banker 等（1984）① 提出 BCC 模型，去掉了 CCR 模型中规模报酬不变的假设，而是以规模报酬变动为前提，这样便能将纯技术效率和规模效率区分开来，用来研究规模收益可变（Variable Returns to Scale，VRS）的假设下，决策单元的效率评价问题。有鉴于此，Banker、Charnes 和 Cooper 提出的解决方法就是将 CCR 下计算得到的效率值除以 BCC 下计算得到的效率值，进而通过得到的规模效率值探索决策单元是否在最优的规模水平下生产。此模型是在假设规模报酬变动（Variable Returns to Scale，VRS）的前提下，将固定规模报酬的技术效率（Technical Efficiency，TE）分解为纯技术效率（Pure Technical Efficiency，PTE）和规模效率。这表明影响技术效率的既可能是来自本身的生产效率，也可能是来自 DMU 没有达到相应的最佳规模的无效率。BCC 模型的导出与 CCR 相同。

$$\max_{u_r,v_i} h_k = \sum_{r=1}^{s} u_r Y_{rk} - u_0 \quad r=1,\ 2,\ \cdots,\ s,\ i=1,\ 2,\ \cdots,\ m \tag{4.2}$$

$$\text{s. t.} \quad \frac{\sum_{r=1}^{s} u_r Y_{rj}}{\sum_{i=1}^{m} v_i X_{ij}} \leqslant 1 \quad j=1,\ 2,\ \cdots,\ n$$

$$u_r,\ v_i \geqslant \varepsilon \geqslant 0$$

进行对偶变换，以减少限制式数目，如下所示：

$$\min_{\theta_k,\lambda_j} h_k = \theta_k - \varepsilon\left[\sum_{i=1}^{m} s_{ik}^{-} + \sum_{r=1}^{s} s_{rk}^{+}\right] \quad r=1,\ 2,\ \cdots,\ s,\ i=1,\ 2,\ \cdots,\ m,\ j=1,\ 2,\ \cdots,\ n \tag{4.3}$$

$$\text{s. t.} \quad \sum_{j=1}^{n} \lambda_j X_{ij} - \theta_k X_{ik} + s_{ik}^{-} = 0$$

$$\sum_{j=1}^{n} \lambda_j Y_{rj} - s_{rk}^{+} = Y_{rk}$$

$$\sum_{j=1}^{n} \lambda_j = 1$$

$$\lambda_j,\ s_{ik}^{-},\ s_{rk}^{+} \geqslant 0$$

① Banker R. D., Charnes A., Cooper W. W. Some models for estimating technical and scale inefficiencies in data envelopment analysis [J]. Management Science, 1984, 30 (9): 1078 – 1092.

式（4.3）中，s_{ik}^-代表投入项的差额变量，s_{rk}^+代表产出项的差额变量，λ_j 为赋予各 DMU 的乘数，θ_k 则代表评估 DMU 所有投入等比例减少的潜在程度。当 $h_k=1$ 时，表示 DMU_k 具有最优技术效率；当 $h_k<1$ 时，表示 DMU_k 不具有最优技术效率。对于一个无效率的单位 k，其位于生产前缘上作为评比的坐标为 $(\sum_{j=1}^{n}\lambda_j^* X_{ij}, \sum_{j=1}^{n}\lambda_j^* Y_{rj})$，而式（4.3）中的限制式显示 $\sum_{j=1}^{n}\lambda_j^* X_{ij}=\theta_k^* X_{ik}-s_{ik}^{-*}$ 及 $\sum_{j=1}^{n}\lambda_j^* Y_{rj}=s_{rk}^{+*}+Y_{rk}$。因此，无效率的单位若要实现最佳的效率目标，需做以下调整：

$$\Delta X_{ik}=X_{ik}-(\theta_k^* X_{ik}-s_{ik}^{-*}) \quad i=1, 2, \cdots, m \tag{4.4}$$

$$\Delta Y_{rk}=(Y_{rk}+s_{rk}^{+*})-Y_{rk} \quad r=1, 2, \cdots, s \tag{4.5}$$

所以，求解 CCR 模型所得到的结果是综合涵盖了技术效率与规模效率的效率值，而求解 BCC 模型所得到的结果是决策单元的纯技术效率。

4.2.1.2 环境技术函数

通常将企业生产过程中正常产出的产品称为期望产出，排放的废水、废气等污染物称为非期望产出。在环境技术效率（ETE）分析框架中，由于考虑了环境因素，因此首先要构建一个既包含环境污染又包含正常产出的函数，即生产可能性集的环境技术（The Environmental Technology）函数。

本章构造了既包含经济等期望产出又包含环境污染等非期望产出的生产可能集。即假设每一个决策单元使用 N 种投入 $x=(x_1, x_2, \cdots, x_N)\in R_N^+$，生产出 M 种期望产出 $y=(y_1, y_2, \cdots, y_M)\in R_M^+$，以及排放 I 种非期望产出 $b=(b_1, b_2, \cdots, b_I)\in R_I^+$；在每一时期 $t=1, \cdots, T$，第 $k=1, \cdots, K$ 个行业的投入和产出值为$(x^{k,t}, y^{k,t}, b^{k,t})$。用 $P(x)$表示生产可能性集合：

$$P(x)=\{(y, b): x \text{ 能生产}(y, b)\}, x\in R_N^+ \tag{4.6}$$

生产可能性集 $P(x)$满足以下假设：

（1）闭集和凸集；

（2）投入与“好”产出可自由处理性：如果$(y, b)\in P(x)$且 $y'\leqslant y$ 或 $x'\geqslant x$，那么$(y', b)\in P(x)$，$P(x)\subseteq P(x')$；

（3）联合弱可处置性：如果$(y, b)\in P(x)$且 $0\leqslant\theta\leqslant 1$，那么$(\theta y, \theta b)\in P(x)$；

（4）零结合性：如果$(y, b) \in P(x)$且$b=0$，那么$y=0$。

4.2.1.3 SBM 方向性距离函数

为了避免传统 DEA 模型径向和角度的选择差异带来的偏差，本章沿用 Tone（2003）① 定义的考虑环境资源下的 SBM 方向性距离函数：

$$D_0^t\ (x^{t,k'},\ y^{t,k'},\ b^{t,k'},\ g^x,\ g^y,\ g^b) = \max_{s^x, s^y, s^b} \frac{\frac{1}{N}\sum_{n=1}^{N}\frac{s_n^x}{g_n^x} + \frac{1}{M+1}\left(\sum_{m=1}^{M}\frac{s_m^y}{g_m^y} + \sum_{i=1}^{I}\frac{s_i^b}{g_i^b}\right)}{2}$$

$$\text{s. t.}\begin{cases}\sum_{k=1}^{K} z_k^t x_{kn}^t + s_n^x = x_{k'n}^t, \forall n;\\ \sum_{k=1}^{K} z_k^t y_{\mathrm{km}}^t + s_m^y = y_{k'm}^t, \forall m;\\ \sum_{k=1}^{K} z_k^t b_{ki}^t + s_i^b = b_{k'i}^t, \forall i;\\ \sum_{k=1}^{K} z_k^t = 1,\ z_k^t \geqslant 0,\ \forall k;\\ s_n^x \geqslant 0,\ \forall n;\ s_m^y \geqslant 0,\ \forall m;\ s_i^b \geqslant 0,\ \forall i\end{cases} \tag{4.7}$$

其中，$(x^{t,k'},\ y^{t,k'},\ b^{t,k'})$ 是行业 k'的投入与产出向量，$(g^x,\ g^y,\ g^b)$ 代表好产出扩张、坏产出和投入压缩的取值为正的方向向量，$(s_n^x,\ s_m^y,\ s_i^b)$ 代表投入与产出松弛的向量。

为了更准确地衡量经济可持续增长，将资源环境等非传统生产要素都纳入生产率分析框架中，借鉴 Tone（2001，2003）②、Choi 等（2012）③，构建考虑包含非期望产出的 SBM－DEA 模型。SBM 模型不仅能同时考虑投入和产出两个方面，而且有效解决了投入过度及产出不足的松弛问题，SBM 模型通过最大化各项投入（产出）改进的平均程度来测量被评价单元的无效率程度，相比方向性距离函数，DEA 模型更加精确，其线性规划模型如式（4.8）所示。

---

① Tone K. Dealing with undesirable outputs in DEA：A slacks – based measure （SBM） approach ［R］. GRIPS Research Report Series，2003.

② Tone K. A slacks – based measure of efficiency in data envelopment analysis ［R］. European Journal of Operational Research，2001，130（3）：498 –509.

③ Choi M. J.，Torralba A.，Willsky A. S. Context models and out – of – context objects ［J］. Pattern Recognition Letters，2012，33（7）：853 –862.

$$\rho^* = \min \frac{1 - \frac{1}{M}\sum_{m=1}^{M}\frac{s_{m0}^x}{x_{m0}}}{1 + \frac{1}{s_1 + s_2}\left(\sum_{r_1=1}^{s_1}\frac{s_{r_10}^g}{y_{r_10}^g} + \sum_{r_2=1}^{s_2}\frac{s_{r_10}^b}{b_{r_20}^b}\right)}$$

$$\text{s.t.}\begin{bmatrix} \sum_{n=1}^{N} z_n x_{mn} = x_{m0} + s_{m0}^x \\ \sum_{n=1}^{N} z_n y_{r_1n} = y_{r_10} - s_{r_10}^g \\ \sum_{n=1}^{N} z_n b_{r_2n} = b_{r_20} + s_{r_20}^b \\ s_{m0}^x \geqslant 0, s_{r_1}^g \geqslant 0, s_{r_2}^b \geqslant 0, z_n \geqslant 0 \\ s_{m0}^x s_{r_10}^g s_{r_20}^b \end{bmatrix} \quad (4.8)$$

其中，s_{m0}^x表示投入的松弛量（可能性的减少量）；$s_{r_10}^g$表示期望产出的松弛量（可能的增加量）；$s_{r_20}^b$表示非期望产出的松弛变量（可能的减少量）；下标 0 表示估计模型中的决策单元；z_n 为线性规划中的非负乘数矢量。

模型（4.8）是考虑非期望产出的 SBM 模型，并且可以使用线性变换模型来计算。如果$\rho^*=1$（它表示所有松弛变量为 0），则该 DMU 考虑非期望产出条件下是有效的。

4.2.1.4 Global Malmquist－Luenberger（GML）指数模型

Färe 等（2001）① 建立了用来考察两个相邻时期生产率变化的 Malmquist 生产率变化指数。令 x_t、y_t 分别代表 t 时期的输入、输出向量，t 为离散参数变量，则 Malmquist 生产率指数可以表示为：

$$M(y_{t+1}, x_{t+1}, y_t, x_t) = \left[\frac{D^t(x_{t+1}, y_{t+1})}{D^t(x_t, y_t)} \times \frac{D^{t+1}(x_{t+1}, y_{t+1})}{D^{t+1}(x_t, y_t)}\right]^{\frac{1}{2}} \quad (4.9)$$

其中，$D^t(x_t,\ y_t)$和$D^t(x_{t+1},\ y_{t+1})$分别表示基于 t 时期的技术基准下受评估 DMU 在 t 时期和 $t+1$ 时期的有效性；$D^t(x_{t+1},\ y_{t+1})$和$D^{t+1}(x_{t+1},\ y_{t+1})$分别表示基于 $t+1$ 时期的技术基准下受评估 DMU 在 t 时期和 $t+1$ 时期的有效性。若 $M(y_{t+1},\ x_{t+1},\ y_t,\ x_t)>1$，则表示受评估 DMU 的生产效率有所提高；若 M

① Färe R.，Grosskopf S.，Margaritis D. APEC and the Asian economic crisis：Early signals from productivity trends［J］. Asian Economic Journal，2001，15（3）：325－341.

$(y_{t+1}, x_{t+1}, y_t, x_t) < 1$，则表示受评估 DMU 的生产效率有所下降。但由于 Malmquist 生产率指数采用几何平均形式，指数不具有循环累乘性，只能进行相邻期间生产效率的短期变动分析，无法观察生产效率的长期增长趋势。

Pastor 和 Lovell（2005）① 提出的 Global Malmquist 指数满足循环累乘性，避免 LP 无解问题。本书在应用 Pastor 和 Lovell（2005）提出的 Global Malmquist 方法的基础上，将全要素生产率增长指数 Global Malmquist 分解为效率变化（GEC）和技术进步（GTC），同时可以进一步计算得到效率变化的规模效应（SEEC）和技术变化的规模效应（SETC），如式（4.10）所示。

$$\begin{aligned}
GM_c^G(x_t, y_t, x_{t+1}, y_{t+1}) &= \left[\frac{D_c^{t+1}(x^{t+1}, y^{t+1})}{D_c^t(x^t, y^t)}\right] \times \left[\frac{D_c^G(x^{t+1}, y^{t+1})}{D_c^{t+1}(x^{t+1}, y^{t+1})} \times \frac{D_c^t(x_t, y_t)}{D^G(x_t, y_t)}\right] \\
&= \frac{TE_c^{t+1}(x^{t+1}, y^{t+1})}{TE_c^t(x^t, y^t)} \times \left[\frac{D_c^G(x^{t+1}, y^{t+1}/D_c^{t+1}(x^{t+1}, y^{t+1}))}{D_c^G(x^t, y^t/D_c^t(x^t, y^t))}\right] \\
&= GEC_c \times \left\{\frac{GTC_c^{G,t+1}(x^{t+1}, y^{t+1})}{GTC_c^{G,t}(x^t, y^t)}\right\} \\
&= GEC_c \times GTC_c \qquad (4.10)
\end{aligned}$$

因此，全要素生产率 GM_c^G 可以分解为两个因素的乘积。其中，$D_c^{t+1}(x^{t+1}, y^{t+1})/D_c^t(x^t, y^t)$ 为 $t \sim t+1$ 时期的技术效率变动，GEC_c 表示效率值的变化。如果 $GEC_c^{t+1} > 1$，则表明在 $t \sim t+1$ 时期决策单元向着前沿面移动，从而使生产活动的效率改善；反之效率退步，决策单元偏离前沿面。$GTC_c^{t+1} > 1$ 表示相对于上一期 t 期的生产技术，$t+1$ 期的生产技术进步更加接近全局生产技术集；反之则技术退步。

另外，单独计算的 $SEEC_t^{t+1}$ 表示效率变化的规模效应是由效率值变化引发的。效率变化的规模效应 $SEEC$ = 效率变化（CRS）/效率变化（VRS），$SEEC_t^{t+1} > 1$ 表示规模效率提高。$SETC_t^{t+1} > 1$ 表示技术变化的规模效应提高，技术偏离不变规模报酬 CRS，技术变化的规模效应 = 技术变化（CRS）/技术变化（VRS）。GML_c^{t+1} 作为前后两期的累积量，如果从 t 期到 $t+1$ 期投入产出量没有发生变化，则 $GML_t^{t+1} = 1$，全要素生产率不发生改变；如果从 t 期到 $t+1$ 期全要素生产率提高，则 $GML_t^{t+1} > 1$，反之若从 t 期到 $t+1$ 期全要素生产率下降，则 $GML_t^{t+1} < 1$。

① Pastor J. T., Lovell C. A. K. A global Malmquist productivity index [J]. Economics Letters, 2005, 88 (2): 266-271.

4.2.2 战略性新兴产业环境效率测度指标选取

在环境效率的测量中，本书依据现有通用指标体系的设计，将设置投入和产出变量。通常来说，投入变量一般包括资本存量、劳动力、能源消耗等。产出变量设置包含“好”产出和“坏”产出的变量，即期望产出和非期望产出。期望产出（GRP）一般为产业增加值或经济增加值；非期望产出一般为生产过程中发生的污染等，包括固体、气体和液态污染等。结合战略性新兴产业的特点，考虑到战略性新兴产业具有高科技、高技术的特点，在投入指标的设置中加入技术增长指标。因此假定生产过程中需要三种投入要素：资本投入、劳动力投入、技术投入，产出由期望产出 GRP（产业增长、技术增长）和非期望产出（SO_2、COD、CO_2、废水排放量等环境污染排放物）组成，具体的指标选取如下文所示。

（1）投入变量。考虑到产业发展离不开资本的投入，在此资本投入采用固定资产投资额进行衡量，所有数据折算以 2005 年为基期；劳动力投入采用产业年平均从业人数进行度量；技术投入采用 R&D 经费内部支出进行度量，以 2003 年为基期。

（2）期望产出变量。选取战略性新兴产业各产业总产值和拥有发明专利数度量期望产出，总产值数据以 2005 年为基期进行调整。

（3）非期望产出变量。对于非期望产出，国内外学者的选择不尽相同，基于研究的目的和数据的可获得性，本书以烟尘排放量、废水中的 COD 排放量、SO_2 排放量和 CO_2 排放量为非期望产出变量。

二氧化硫是空气中废气的主要成分，是工业生产过程中的主要废气污染物，对动植物都有较大的影响。

二氧化硫的计算公式如下：

二氧化硫排放浓度为 Y 毫克/立方米（MG/M^3），一般煤锅炉尾气未经脱硫，浓度为 1000 毫克/立方米左右，SO_2 排放量（千克）= Y 毫克/立方米 × 废气排放体积（立方米）× 1/1000000

CO_2 能产生温室效应，采用标准煤中含碳量转化的方式，其计算公式为：

CO_2 排放量 = 能源消费 × 0.68 × 3.67

含碳能源消费量选自各省份统计年鉴中分行业能源消费总量（以标准煤计算），化石能源的 CO_2 排放系数如表 4.1 所示。

表 4.1 化石能源的 CO_2 排放系数

排放源	化石燃料燃烧						
	煤炭	焦炭	汽油	煤油	柴油	燃料油	天然气
碳含量	25.8	29.2	18.9	19.6	20.2	21.1	15.3
热值数据	20908	28435	43070	43070	42652	41816	38931
碳氧化率	0.923	0.928	0.98	0.986	0.982	0.985	0.99
CO_2 排放系数	1.826	2.825	2.925	3.052	3.102	3.186	2.162

上述各项变量指标和指标说明如表 4.2 所示。

表 4.2 环境效率测量投入产出变量列表

	变量	指标	指标说明
投入	资本投入	固定资产投资额	以固定资产投资价格指数为折算系数，折算成以 2005 年为基期的不变价格指数
	劳动力投入	从业人数	采用年平均从业人数
	技术投入	能源消费量	采用 R&D 经费内部支出，以 GDP 折算指数折算成以 2003 年为基期的不变价格
期望产出	产业增长	产业总产值	以历年生产总值指数为折算系数，折算成以 2005 年为基期的不变价格
	技术增长	发明专利数	采用年发明专利数
非期望产出	环境污染	烟尘排放量	指在生产工艺过程中排放的颗粒物重量
		SO_2 排放量	废气中的 SO_2 是我国环境管制的主要监控指标
		CO_2 排放量	目前没有直接的数据，可通过相关方法计算而得
		COD 排放量	废水中的 COD 是我国环境管制的主要监控指标

4.2.3 战略性新兴产业环境效率测度样本选取与数据处理

考虑数据的可得性和统计口径，本研究覆盖中国内地 29 个省份（其中重庆市和四川省数据合并考虑，西藏自治区因为数据可得性原因不在考虑范围内），样本区间为 2004 ~ 2016 年。对于部分省份个别年份数据缺失，采用取前后两年的平均数补齐的方式加以处理。宏观数据及战略性新兴产业相关数据来源于《中国统计年鉴》《中国高技术产业统计年鉴》《中国环境统计年鉴》《中国能源统计年鉴》以及相关省份战略性新兴产业发展报告、省（市）统计年鉴、领导讲话等。

4.2.3.1 七大产业选取

目前战略性新兴产业体系尚未形成，国家和各省（自治区、直辖市）对战略性新兴产业的定义缺乏统一口径。根据2017年国家发改委公告发布的《战略性新兴产业重点产品和服务指导目录》，战略性新兴产业可分为5大领域8个产业（相关服务业单独列出）、40个重点方向下的174个子方向，近4000项细分产品和服务，首次将数字创意产业列入战略性新兴产业。根据国家统计局发布的《战略性新兴产业分类（2018）》，列出了战略性新兴产业9大领域。综合国家发改委和统计局分类口径，且考虑到数字创意产业为首次列入战略性新兴产业缺乏必要数据，因此选择新一代信息技术产业、高端装备制造产业、新材料产业、生物医药产业、新能源汽车产业、新能源产业、节能环保产业这七大产业作为研究对象。

4.2.3.2 区域划分

本书研究参考了更为详细的八大地理经济区域划分，分别是：东北综合经济区，包括辽宁、吉林、黑龙江。北部沿海综合经济区，包括北京、天津、河北、山东。东部沿海综合经济区，包括上海、江苏、浙江。南部沿海经济区，包括福建、广东、海南。黄河中游综合经济区，包括陕西、山西、河南、内蒙古。长江中游综合经济区，包括湖北、湖南、江西、安徽。大西南综合经济区，包括云南、贵州、四川、广西。大西北综合经济区，包括甘肃、青海、宁夏、新疆。全国区域划分如表4.3所示。

表4.3 全国区域划分列表

全国	东北综合经济区	辽宁、吉林、黑龙江
	北部沿海综合经济区	北京、天津、河北、山东
	东部沿海综合经济区	上海、江苏、浙江
	南部沿海经济区	福建、广东、海南
	黄河中游综合经济区	陕西、山西、河南、内蒙古
	长江中游综合经济区	湖北、湖南、江西、安徽
	大西南综合经济区	云南、贵州、四川、广西
	大西北综合经济区	甘肃、青海、宁夏、新疆

4.3 战略性新兴产业环境效率测度结果与特征分析

4.3.1 七大战略性新兴产业环境技术效率测度

根据选择的投入和产出变量，运用七大战略性新兴产业在2004～2016年的投入产出相关数据进行计算，在可变规模报酬以及非期望产出弱可处置性的情况下，测度2004～2016年七大战略性新兴产业的环境效率情况，结果如表4.4所示。

表4.4 2004～2016年战略性新兴产业各产业环境技术效率

产业 DMU	2004年	2005年	2006年	2007年	2008年	2009年	2010年	2011年	2012年	2013年	2014年	2015年	2016年	均值
高端装备制造	0.61	0.57	0.63	0.62	0.64	0.68	0.64	0.74	0.75	0.57	0.66	0.68	0.71	0.64
节能环保	0.66	0.66	0.62	0.64	0.61	0.66	0.53	0.61	0.61	0.62	0.64	0.65	0.67	0.63
生物医药	0.52	0.53	0.50	0.51	0.46	0.62	0.64	0.61	0.63	0.58	0.55	0.62	0.67	0.57
新材料	0.72	0.64	0.62	0.65	0.62	0.51	0.55	0.54	0.56	0.63	0.72	0.66	0.68	0.63
新能源	0.77	0.72	0.71	0.75	0.65	0.71	0.71	0.63	0.71	0.73	0.74	0.74	0.76	0.72
新能源汽车	0.68	0.72	0.74	0.77	0.66	0.69	0.74	0.69	0.73	0.76	0.77	0.76	0.77	0.73
新一代信息技术	0.48	0.56	0.47	0.59	0.54	0.56	0.68	0.66	0.62	0.68	0.59	0.67	0.64	0.60
均值	0.63	0.63	0.61	0.65	0.60	0.63	0.64	0.64	0.66	0.65	0.67	0.68	0.70	0.64

从表4.4中可以看出，我国战略性新兴产业环境技术效率普遍偏低，没有效率值高于0.8的产业。从七大战略性新兴产业环境技术效率的平均值来看，战略性新兴产业的环境技术效率相差较大，经过计算可以得出，2004～2016年战略性新兴产业环境技术效率如下：高端装备制造业的环境技术效率年均值为0.64，节能环保产业的环境技术效率年均值为0.63，生物医药产业的环境技术效率年均值为0.57，新材料产业环境技术效率年均值为0.63，新能源产业的环境技术效

率年均值为0.72，新能源汽车的环境技术效率年均值为0.73，新一代信息技术产业的环境技术效率年均值为0.60；整个战略性新兴产业的环境技术效率年均值为0.64。环境技术效率较高的产业有新能源产业和新能源汽车产业，环境效率较低的产业为生物医药产业。

2004～2016年战略性新兴产业环境技术效率平均值分别是0.63、0.63、0.61、0.65、0.60、0.63、0.64、0.64、0.66、0.65、0.67、0.68、0.70，其发展趋势如图4.1所示。

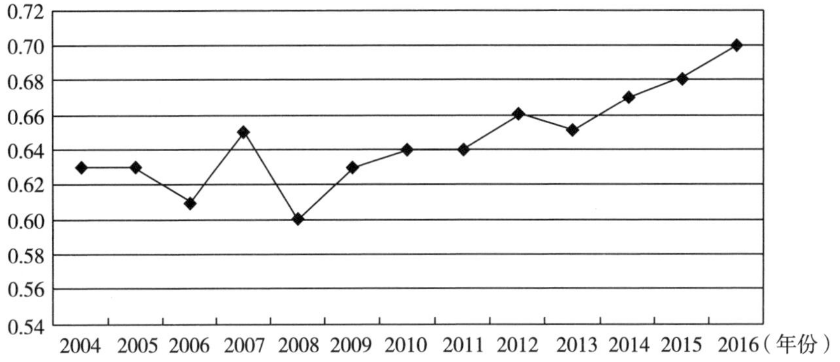

图4.1 2004～2016年战略性新兴产业环境技术效率平均值

从战略性新兴产业环境效率趋势图可以看出，我国战略性新兴产业的环境技术效率整体呈现波动上升态势。2004～2006年整体呈现下降态势，这说明这个阶段的环境效率降低，污染排放上升，资源有效利用水平下降；在2006～2008年有小幅波动，这可能是由于政策的变动导致环境效率出现一定程度的反复；从2008年开始，环境效率开始逐步提升，这反映出近几年来在相关环境政策的作用下，我国战略性新兴产业环境效率开始平稳上升，资源有效利用水平和环境保护力度得到强化，这与近年来环境保护督促不断强化、环境保护力度不断提升有很大的关系，战略性新兴产业环境效率整体得到提升。

根据前面对战略性新兴产业的分析，本书进一步对战略性新兴产业环境效率的变动情况进行分解测度，引入Global Malmquist－Luenberger（GML）指数模型，得到各战略性新兴产业环境效率的GML指数。GML指数可以分解成两部分：一部分测度技术进步（TECH），另一部分测度效率改进（EFFCH），具体结果如表4.5所示。

表 4.5　2004～2016 年战略性新兴产业环境技术效率 GML 指数及其分解累积值

产业	考虑非期望产出：GML 指数			不考虑非期望产出：GML 指数		
	GML	EC	BPC	GML	EC	BPC
节能环保	1.132	0.993	1.172	1.537	1.021	1.475
新一代信息技术	0.682	1.362	0.574	1.082	0.875	1.486
生物医药	0.984	1.102	0.992	1.193	1.031	1.172
高端装备制造	1.239	1.185	1.113	1.475	1.123	1.364
新能源	0.602	1.118	0.573	1.261	0.954	1.487
新材料	0.682	2.172	0.481	0.947	0.572	1.793
新能源汽车	0.983	0.916	1.164	1.369	0.642	1.953
均值	0.901	1.264	0.867	1.266	0.888	1.533
标准差	0.247	0.425	0.311	0.212	0.207	0.262

由表 4.5 可知，在考虑非期望产出的前提下，我国战略性新兴产业的 GML 指数平均值为 0.901，低于 1，表明在资源环境约束下，我国战略性新兴产业的环境技术效率整体呈下降趋势，下降了 9.999%。这主要是因为效率改进方面的落后，而技术进步的均值大于 1，对环境效率的改善有正面的推动作用。考虑非期望产出时，发现除节能环保产业、高端装备制造产业外，其余产业的 GML 指数都小于 1，而不考虑非期望产出时，除新材料产业外，其余产业的 GML 指数均大于 1，可以说基本上所有产业的环境技术效率都有明显的提升。由此可见，环境因素的引入可以更加真实地反映产业的技术效率变动。这是因为未考虑环境因素时，大多数产业的技术进步（TECH）被低估而效率改进（EFFCH）被高估，轻视了技术因素在生产效率中的重要影响。

4.3.2　省域战略性新兴产业环境技术效率测度结果与分布特征

根据战略性新兴产业的投入产出变量，运用 2004～2016 年战略性新兴产业的投入产出数据，根据 SBM 方向性距离函数，在可变报酬（VRS）中设置非期望产出弱可处置模型，对各省份战略性新兴产业环境技术效率进行测度，结果如表 4.6 所示。

表4.6 2004~2016年战略性新兴产业各省份环境技术效率值

省份	2004年	2005年	2006年	2007年	2008年	2009年	2010年	2011年	2012年	2013年	2014年	2015年	2016年	均值
安徽	0.269	0.183	0.245	0.211	0.209	0.224	0.194	0.326	0.306	0.292	0.290	0.304	0.327	0.246
北京	0.422	0.650	0.724	1.000	0.835	0.657	1.000	0.568	0.431	0.382	0.364	0.373	0.442	0.565
福建	1.000	1.000	1.000	1.000	1.000	1.000	0.950	1.000	0.880	1.000	0.949	0.967	1.000	0.981
甘肃	0.652	0.313	0.510	0.346	0.241	0.243	0.169	0.417	0.344	0.384	0.403	0.411	0.388	0.345
广东	1.000	1.000	1.000	1.000	1.000	0.741	1.000	1.000	0.952	0.991	0.944	1.000	1.000	0.963
广西	0.262	0.165	0.366	0.289	0.450	0.282	0.592	0.486	0.447	0.480	0.491	0.474	0.483	0.377
贵州	0.156	0.232	0.260	0.301	0.312	0.356	0.270	0.217	0.206	0.209	0.208	0.209	0.212	0.231
海南	1.000	1.000	1.000	1.000	1.000	0.743	0.677	1.000	0.518	0.514	0.488	0.483	0.496	0.743
河北	0.166	0.153	0.176	0.222	0.298	0.241	0.332	0.300	0.287	0.293	0.293	0.295	0.299	0.245
河南	0.093	0.130	0.186	0.215	0.290	0.257	0.333	0.497	0.469	0.509	0.498	0.500	0.532	0.285
黑龙江	0.208	0.256	1.000	0.290	0.307	0.244	0.218	0.216	0.177	0.178	0.174	0.172	0.170	0.236
湖北	0.181	0.222	0.259	0.245	0.265	0.200	0.315	0.325	0.311	0.310	0.328	0.328	0.335	0.266
湖南	0.251	0.292	0.592	0.373	0.410	0.314	0.371	0.434	0.392	0.405	0.417	0.428	0.438	0.380
吉林	0.152	0.183	0.176	0.330	0.396	0.327	1.000	0.508	0.486	0.532	0.556	0.576	0.591	0.370
江苏	1.000	0.945	0.919	0.944	0.947	0.566	1.000	1.000	0.900	0.954	0.985	1.000	1.000	0.917
江西	0.128	0.154	0.207	0.234	0.240	0.244	0.245	0.311	0.296	0.315	0.342	0.369	0.394	0.256
辽宁	0.278	0.294	0.272	0.279	0.253	0.284	0.309	0.304	0.272	0.289	0.291	0.304	0.306	0.292
内蒙古	1.000	0.689	1.000	1.000	0.606	0.423	0.248	0.374	0.232	0.352	0.330	0.404	0.465	0.511
宁夏	0.253	0.465	0.313	0.241	0.304	0.335	0.307	0.338	0.280	0.291	0.272	0.253	0.234	0.307
青海	1.000	1.000	1.000	0.857	1.000	1.000	1.000	0.550	0.493	0.487	0.465	0.427	0.507	0.726
山东	0.435	0.464	0.544	0.830	0.845	0.635	0.925	0.962	0.843	0.913	0.949	0.967	1.000	0.715
山西	0.298	0.313	0.380	1.000	0.507	0.240	0.295	0.252	0.203	0.202	0.195	0.189	0.185	0.288
陕西	0.161	0.214	0.197	0.214	0.243	0.263	0.230	0.107	0.107	0.115	0.127	0.142	0.140	0.165
上海	0.675	0.857	0.822	0.923	1.000	0.352	1.000	0.904	0.825	0.876	0.902	0.996	1.000	0.812
四川	0.210	0.238	0.259	0.276	0.307	0.365	0.384	0.466	0.448	0.467	0.448	0.438	0.423	0.341
天津	1.000	1.000	1.000	1.000	0.625	0.727	1.000	1.000	0.820	0.863	0.888	1.000	1.000	0.887
新疆	1.000	0.720	0.518	0.501	0.669	0.544	0.509	0.327	0.270	0.240	0.235	0.233	0.227	0.437
云南	0.696	0.744	1.000	1.000	1.000	0.674	1.000	0.440	0.367	0.431	0.321	0.322	0.300	0.598
浙江	0.333	0.342	0.429	0.471	0.431	0.287	0.463	0.404	0.366	0.407	0.431	0.449	0.464	0.399
重庆	0.322	1.000	0.360	0.258	0.339	0.279	0.366	1.000	1.000	1.000	1.000	1.000	1.000	0.569
平均值	0.372	0.402	0.462	0.463	0.469	0.385	0.466	0.460	0.400	0.421	0.417	0.427	0.436	0.425

从表 4.6 中可以看到，各省份战略性新兴产业环境技术效率的均值分别为：安徽 0.246、北京 0.565、福建 0.981、甘肃 0.345、广东 0.963、广西 0.377、贵州 0.231、海南 0.743、河北 0.245、河南 0.285、黑龙江 0.236、湖北 0.266、湖南 0.380、吉林 0.370、江苏 0.917、江西 0.256、辽宁 0.292、内蒙古 0.511、宁夏 0.307、青海 0.726、山东 0.715、山西 0.288、陕西 0.165、上海 0.812、四川 0.341、天津 0.887、新疆 0.437、云南 0.598、浙江 0.399、重庆 0.569。由此可以看出，江苏、上海、广东、福建等省份战略性新兴产业环境技术效率较高，贵州、河北、江西、辽宁、山西、陕西等省份战略性新兴产业环境技术效率较低。

2004～2016 年战略性新兴产业环境技术效率平均值分别为 0.372、0.402、0.462、0.463、0.469、0.385、0.466、0.460、0.400、0.421、0.417、0.427、0.436、0.425。为更直观地描述战略性新兴产业环境技术效率在 2004～2016 年随时间的变化趋势，本书绘制了省域战略性新兴产业环境技术效率平均值演化发展折线图，如图 4.2 所示。

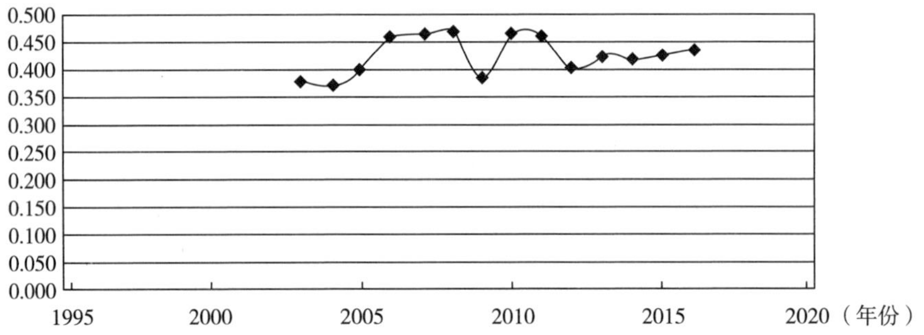

图 4.2　2004～2016 年省域战略性新兴产业环境技术效率平均值

由图 4.2 可以看到，战略性新兴产业的环境技术效率演化趋势和省域战略性新兴产业的演化趋势基本一致，表现为先增长后下降，再波动上升的趋势。

根据 SBM 模型的 GML 指数得到环境约束下战略性新兴产业环境全要素生产率、效率的变动和技术进步变动三个指标的信息。

根据基于 SBM 模型的 GML 指数模型得到考虑环境约束下各省份环境全要素生产率、效率的变动和技术进步变动三个指标的信息。三个指标的分解结果关系是：环境全要素生产率 = 效率变动 × 技术变动。

因此本书进一步对环境全要素生产率进行分解分析，各省份战略性新兴产业2004 ~ 2016 年环境全要素生产率及其分解如表 4.7、表 4.8、表 4.9 所示。

表 4.7　2004 ~ 2016 年战略性新兴产业各省份环境全要素生产率（GEEE）

省份	2004 年	2005 年	2006 年	2007 年	2008 年	2009 年	2010 年	2011 年	2012 年	2013 年	2014 年	2015 年	2016 年	均值
安徽	1.722	0.681	1.342	0.860	0.989	1.072	0.864	1.683	0.938	0.956	0.993	1.051	1.075	1.059
北京	0.763	1.540	1.115	1.380	0.835	0.786	1.523	0.568	0.759	0.885	0.954	1.026	1.184	0.983
福建	1.000	1.000	1.000	1.000	1.000	1.000	0.950	1.052	0.880	1.137	0.949	1.019	1.034	1.000
甘肃	2.473	0.480	1.629	0.678	0.696	1.010	0.697	2.459	0.825	1.116	1.049	1.021	0.944	1.030
广东	1.127	1.000	1.000	1.000	1.000	0.741	1.349	1.000	0.952	1.041	0.952	1.060	1.000	1.009
广西	0.913	0.629	2.218	0.791	1.557	0.626	2.102	0.820	0.920	1.073	1.024	0.966	1.019	1.041
贵州	0.937	1.490	1.123	1.157	1.035	1.143	0.759	0.801	0.953	1.012	0.997	1.005	1.015	1.019
海南	1.000	1.000	1.000	1.000	1.000	0.743	0.912	1.477	0.518	0.993	0.949	0.989	1.027	0.947
河北	0.939	0.921	1.149	1.263	1.340	0.809	1.375	0.906	0.955	1.022	1.000	1.005	1.015	1.041
河南	0.745	1.401	1.430	1.154	1.349	0.884	1.299	1.493	0.942	1.087	0.978	1.004	1.064	1.118
黑龙江	1.112	1.231	3.906	0.290	1.060	0.795	0.895	0.988	0.821	1.002	0.978	0.993	0.985	0.993
湖北	0.973	1.228	1.165	0.946	1.083	0.754	1.579	1.031	0.959	0.996	1.058	0.999	1.022	1.047
湖南	0.808	1.162	2.028	0.631	1.099	0.764	1.182	1.173	0.902	1.034	1.030	1.027	1.024	1.027
吉林	0.871	1.202	0.960	1.880	1.199	0.826	3.056	0.508	0.956	1.095	1.045	1.035	1.028	1.098
江苏	1.245	0.945	0.973	1.028	1.003	0.598	1.766	1.000	0.900	1.060	1.033	1.015	1.000	1.017
江西	0.489	1.207	1.342	1.133	1.025	1.015	1.004	1.272	0.951	1.064	1.088	1.078	1.066	1.032
辽宁	0.757	1.057	0.926	1.027	0.907	1.122	1.088	0.984	0.895	1.061	1.007	1.045	1.005	0.986
内蒙古	1.000	0.689	1.452	1.000	0.606	0.699	0.586	1.508	0.619	1.520	0.938	1.225	1.150	0.943
宁夏	0.480	1.838	0.674	0.768	1.264	1.102	0.918	1.101	0.827	1.041	0.936	0.930	0.923	0.940
青海	1.000	1.000	1.000	0.857	1.167	1.000	1.000	0.550	0.896	0.988	0.954	0.920	1.186	0.949
山东	1.448	1.068	1.173	1.525	1.018	0.751	1.456	1.040	0.876	1.083	1.040	1.019	1.034	1.097
山西	1.009	1.051	1.213	2.633	0.507	0.472	1.231	0.854	0.805	0.997	0.963	0.972	0.978	0.965
陕西	1.048	1.325	0.920	1.087	1.137	1.084	0.872	0.467	1.000	1.076	1.097	1.121	0.988	0.993
上海	1.126	1.269	0.960	1.122	1.084	0.352	2.845	0.904	0.912	1.062	1.030	1.103	1.004	1.040
四川	0.903	1.135	1.090	1.063	1.112	1.189	1.052	1.213	0.962	1.043	0.959	0.977	0.968	1.047
天津	1.520	1.000	1.000	1.000	0.625	1.163	1.376	1.000	0.820	1.052	1.029	1.126	1.000	1.033
新疆	1.000	0.720	0.720	0.968	1.334	0.813	0.935	0.644	0.826	0.887	0.982	0.989	0.976	0.892

续表

省份	2004 年	2005 年	2006 年	2007 年	2008 年	2009 年	2010 年	2011 年	2012 年	2013 年	2014 年	2015 年	2016 年	均值
云南	0.696	1.069	1.344	1.000	1.000	0.674	1.483	0.440	0.834	1.175	0.744	1.004	0.930	0.911
浙江	0.904	1.027	1.255	1.098	0.916	0.664	1.614	0.873	0.905	1.115	1.059	1.040	1.033	1.018
重庆	0.884	3.103	0.360	0.718	1.310	0.823	1.313	2.733	1.000	1.000	1.000	1.000	1.000	1.081
平均值	0.976	1.081	1.148	1.003	1.014	0.821	1.210	0.988	0.870	1.051	0.992	1.024	1.021	1.010

在考虑环境约束（非期望产出）的情况下，从 2004 ~ 2016 年各省份整体战略性新兴产业环境全要素生产率的统计数据明显可以看出，像广东、浙江等发达省份的全要素生产率水平要高于中西部省份（云南、宁夏等）；基于各省份个体可以看出，2004 ~ 2016 年，整体呈现波动变化的特征，非期望产出的治理需要成本（即非期望产出满足弱可处置性）时，大部分省份的环境全要素生产率都有所增长，整体平均增长指数为 1.014，表明环境约束下战略性新兴产业全要素生产率平均增长了 1.014%，环境污染治理成本的存在抑制了全要素生产率的增长。根据《中国环境经济核算研究报告》统计，近年来我国环境退化成本增长超过了 70%，这个增长速度远高于我国经济发展的速度，这意味着伴随着经济的高速增长，中国在环境和生态保护方面所付出的代价日益增大，也是我国现有经济发展模式不可持续的最好证明，探讨建立发展的同时追求环境保护的长效机制势在必行。

表 4.8　2004 ~ 2016 年战略性新兴产业各省份效率变化指数 EC

（环境全要素生产率指数 GML 分解之效率变化指数）

省份	2004 年	2005 年	2006 年	2007 年	2008 年	2009 年	2010 年	2011 年	2012 年	2013 年	2014 年	2015 年	2016 年	均值
安徽	2.199	0.658	0.910	1.282	0.691	4.453	0.293	1.646	1.030	0.939	1.013	1.021	1.086	1.080
北京	1.000	1.000	1.000	1.000	1.000	1.000	1.000	0.773	0.913	0.898	0.948	0.955	1.104	0.966
福建	1.000	1.000	1.000	1.000	1.000	1.000	1.000	1.000	1.000	1.000	1.000	1.000	1.000	1.000
甘肃	2.806	1.000	1.000	1.000	0.299	1.993	0.579	2.214	0.929	1.134	1.088	1.027	0.952	1.070
广东	1.000	1.000	1.000	1.000	1.000	1.000	1.000	1.000	1.000	1.000	1.000	1.000	1.000	1.000
广西	0.731	0.700	1.552	2.502	1.000	1.000	1.000	0.732	1.023	1.336	1.000	1.000	1.000	1.054
贵州	1.128	1.403	1.000	0.419	1.385	1.722	0.500	0.904	1.043	0.965	1.000	0.988	0.990	0.973
海南	1.000	1.000	1.000	1.000	1.000	1.000	1.000	1.000	1.000	1.000	1.000	1.000	1.000	1.000

续表

省份	2004年	2005年	2006年	2007年	2008年	2009年	2010年	2011年	2012年	2013年	2014年	2015年	2016年	均值
河北	1.059	0.917	0.726	1.772	1.014	1.562	0.844	1.099	1.052	0.984	0.981	0.999	1.004	1.049
河南	0.661	1.472	0.822	1.186	1.196	1.124	0.959	2.325	1.000	1.000	1.000	1.000	1.000	1.084
黑龙江	0.956	1.400	2.398	1.000	0.353	1.343	0.632	1.111	0.970	0.988	1.005	0.998	0.975	1.000
湖北	1.383	1.184	1.200	0.561	1.084	1.681	0.902	1.007	1.077	0.956	1.032	0.980	1.004	1.051
湖南	0.341	1.176	2.497	1.000	0.550	1.056	1.722	0.570	1.060	0.973	0.999	1.008	0.987	0.960
吉林	1.162	1.149	1.262	2.746	0.491	2.036	1.000	0.781	1.060	1.041	1.006	1.011	1.037	1.117
江苏	1.000	1.000	1.000	1.000	1.000	1.000	1.000	1.000	1.000	1.000	1.000	1.000	1.000	1.000
江西	0.470	1.229	1.049	1.192	1.139	1.242	0.882	1.504	1.090	1.003	1.020	1.006	1.005	1.033
辽宁	0.736	1.307	1.070	0.554	0.945	1.585	0.852	1.199	1.010	1.030	1.020	1.023	0.984	0.995
内蒙古	1.000	1.000	1.000	1.000	1.000	1.000	1.000	1.000	1.000	1.000	1.000	1.000	1.000	1.000
宁夏	0.657	2.649	0.487	0.893	1.108	1.484	1.399	1.000	1.000	1.000	1.000	1.000	1.000	1.044
青海	1.000	1.000	1.000	1.000	1.000	1.000	1.000	1.000	1.000	1.000	1.000	1.000	1.000	1.000
山东	0.921	1.207	1.175	1.558	1.000	1.000	1.000	1.000	1.000	1.000	1.000	1.000	1.000	1.056
山西	1.000	1.000	1.000	1.000	1.000	1.000	0.724	0.755	0.984	0.985	0.998	1.066	0.902	0.949
陕西	0.856	1.367	0.841	0.789	1.309	1.626	0.761	0.601	1.114	1.092	1.166	1.132	0.988	1.014
上海	1.000	1.000	1.000	1.000	1.000	0.743	1.346	1.000	1.000	1.000	1.000	1.000	1.000	1.000
四川	1.130	0.866	1.461	0.596	1.219	1.611	0.871	1.229	1.032	0.961	0.937	0.964	0.950	1.033
天津	1.000	1.000	1.000	1.000	1.000	1.000	1.000	1.000	1.000	1.000	1.000	1.000	1.000	1.000
新疆	1.000	1.000	1.000	1.000	1.000	1.000	1.000	0.692	0.987	0.804	1.020	1.785	0.580	0.959
云南	1.000	1.000	1.000	1.000	1.000	1.000	1.000	1.000	1.000	0.969	0.867	1.005	0.921	0.981
浙江	0.768	0.887	1.332	0.800	1.061	1.227	1.205	0.899	0.995	1.035	1.001	0.997	0.998	1.004
重庆	0.832	2.296	0.459	0.859	1.118	1.669	0.739	1.839	1.000	1.000	1.000	1.000	1.000	1.051
平均值	0.954	1.112	1.044	1.009	0.920	1.276	0.899	1.034	1.012	1.000	1.002	1.025	0.978	1.017

从表4.8可以看出，在环境约束条件下，各省份的战略性新兴产业环境效率指数存在明显差异，有些省份在最初的年份呈现较高的水平，达到2以上，如安徽、甘肃等，但随着时间的推移，慢慢趋近于1；相反地，也存在一些省份在2004年不到0.5，如江西、湖南，但是随着时间的推移，效率指数逐渐提高，甚至超过其他领先的省份。从2004~2016年战略性新兴产业环境效率指数整体平均值来看，我国整体平均值呈现上下不停波动的状态，并且始终趋向于1，整体状态较为稳定，未出现大幅波动的情况。

表 4.9　2004～2016 年战略性新兴产业各省份技术变化指数 TC
（环境全要素生产率指数 GML 分解之技术变化指数）

省份	2004 年	2005 年	2006 年	2007 年	2008 年	2009 年	2010 年	2011 年	2012 年	2013 年	2014 年	2015 年	2016 年	均值
安徽	0.783	1.035	1.474	0.671	1.431	0.241	2.953	1.022	0.911	1.018	0.980	1.029	0.990	0.980
北京	0.763	1.540	1.115	1.380	0.835	0.786	1.523	0.734	0.831	0.986	1.006	1.074	1.073	1.018
福建	1.000	1.000	1.000	1.000	1.000	1.000	0.950	1.052	0.880	1.137	0.949	1.019	1.034	1.000
甘肃	0.881	0.480	1.629	0.678	2.331	0.507	1.204	1.111	0.888	0.984	0.964	0.994	0.991	0.963
广东	1.127	1.000	1.000	1.000	1.000	0.741	1.349	1.000	0.952	1.041	0.952	1.060	1.000	1.009
广西	1.248	0.899	1.429	0.316	1.557	0.626	2.102	1.121	0.900	0.803	1.024	0.966	1.019	0.987
贵州	0.831	1.062	1.123	2.760	0.747	0.664	1.517	0.886	0.913	1.049	0.997	1.017	1.026	1.047
海南	1.000	1.000	1.000	1.000	1.000	0.743	0.912	1.477	0.518	0.993	0.949	0.989	1.027	0.947
河北	0.887	1.005	1.583	0.713	1.322	0.518	1.628	0.824	0.908	1.039	1.019	1.006	1.011	0.992
河南	1.127	0.952	1.740	0.973	1.128	0.786	1.354	0.642	0.942	1.087	0.978	1.004	1.064	1.032
黑龙江	1.163	0.879	1.629	0.290	3.003	0.592	1.416	0.890	0.847	1.015	0.973	0.995	1.011	0.993
湖北	0.704	1.038	0.971	1.688	1.000	0.448	1.751	1.023	0.890	1.041	1.025	1.020	1.019	0.996
湖南	2.371	0.988	0.812	0.631	1.997	0.724	0.686	2.056	0.850	1.062	1.031	1.019	1.038	1.070
吉林	0.749	1.046	0.761	0.684	2.441	0.406	3.056	0.651	0.902	1.051	1.039	1.024	0.991	0.983
江苏	1.245	0.945	0.973	1.028	1.003	0.598	1.766	1.000	0.900	1.060	1.033	1.015	1.000	1.017
江西	1.042	0.982	1.280	0.950	0.900	0.817	1.139	0.846	0.872	1.060	1.066	1.071	1.060	0.999
辽宁	1.029	0.808	0.865	1.853	0.960	0.708	1.277	0.821	0.887	1.030	0.987	1.022	1.022	0.991
内蒙古	1.000	0.689	1.452	1.000	0.606	0.699	0.586	1.508	0.619	1.520	0.938	1.225	1.150	0.943
宁夏	0.731	0.694	1.384	0.860	1.141	0.742	0.656	1.101	0.827	1.041	0.936	0.930	0.923	0.900
青海	1.000	1.000	1.000	0.857	1.167	1.000	1.000	0.550	0.896	0.988	0.954	0.920	1.186	0.949
山东	1.571	0.885	0.998	0.979	1.018	0.751	1.456	1.040	0.876	1.083	1.040	1.019	1.034	1.039
山西	1.009	1.051	1.213	2.633	0.507	0.472	1.699	1.132	0.818	1.012	0.965	0.913	1.084	1.016
陕西	1.224	0.969	1.093	1.377	0.869	0.667	1.146	0.776	0.898	0.986	0.941	0.991	1.000	0.979
上海	1.126	1.269	0.960	1.122	1.084	0.473	2.113	0.904	0.912	1.062	1.030	1.103	1.004	1.040
四川	0.800	1.311	0.746	1.783	0.912	0.738	1.208	0.987	0.932	1.085	1.023	1.013	1.019	1.014
天津	1.520	1.000	1.000	1.000	0.625	1.163	1.376	1.000	0.820	1.052	1.029	1.126	1.000	1.033
新疆	1.000	0.720	0.720	0.968	1.334	0.813	0.935	0.930	0.837	1.103	0.963	0.554	1.683	0.931
云南	0.696	1.069	1.344	1.000	1.000	0.674	1.483	0.440	0.834	1.213	0.858	0.999	1.010	0.929
浙江	1.177	1.157	0.942	1.372	0.863	0.541	1.340	0.971	0.909	1.077	1.058	1.042	1.035	1.014
重庆	1.062	1.352	0.785	0.835	1.172	0.493	1.776	1.486	1.000	1.000	1.000	1.000	1.000	1.028
平均值	1.024	0.972	1.099	0.994	1.102	0.643	1.346	0.955	0.860	1.051	0.989	0.999	1.044	0.994

从表4.9可以看出，当时间跨度为2004~2016年时，在考虑非期望产出情况时，除海南、黑龙江、辽宁、内蒙古、宁夏、青海、山西、陕西、新疆等省份外，其他省份的环境效率都有所增长。从区域上看，西北、东北等区域增长速度明显放缓，这些区域的经济发展水平在我国也呈现相对落后的特点，为此，环境效率也是经济发展水平的重要体现。

4.3.3 战略性新兴产业环境效率的收敛性与特征分析

4.3.3.1 环境全要素生产率的绝对σ收敛性与特征分析

在对战略性新兴产业环境效率和环境全要素生产率进行收敛性分析时，本书使用既简单又有效的σ收敛检验方法。σ收敛研究不同决策单元的离差随时间推移而变化的情况，如果离差趋于下降，则说明各决策单元的增长存在σ收敛。同时，继续引入标准差与平均数的比值即变异系数CV，来反映两个样本的离散程度。

本书使用战略性新兴产业环境全要素生产率数据，利用σ收敛检验方法计算2004~2016年战略性新兴产业环境全要素生产率的标准差，得出战略性新兴产业环境全要素生产率的差异呈现明显的波动性，总体上来说，在样本期战略性新兴产业环境效率没有存在明显的σ收敛趋势。

进一步以环境约束下战略性新兴产业绿色生产率为例，采用σ收敛进行生产率差异变化的水平趋势分析。Y_i表示产业i的环境全要素生产率水平，$\overline{Y_i}$表示产业i的环境全要素生产率水平的平均值，N代表产业的个数，σ表示标准差，CV表示变异系数。计算公式如下：

$$\sigma = \sqrt{[\sum (Y_i - \overline{Y_i})^2]/N}\ ,\ CV = \sigma/\overline{Y_i} \tag{4.11}$$

若战略性新兴产业生产率的变异系数和标准差变小，即$\sigma_{t+1} < \sigma_t$时，说明我国战略性新兴产业生产率存在σ收敛。

对σ收敛可以进一步通过模型检验进行分析，如以下公式所示：

$$Var_{Y,it} = \alpha + \sigma \times t + \varepsilon_{it} \tag{4.12}$$

其中，$i=1, 2, \cdots, N$；$t=1, 2, \cdots, T$。$Var_{Y,it}$表示战略性新兴产业绿色生产率的变异系数，α是常数项，t是时间变量，对于方程残差项ε_{it}方差的估计则是σ_t^2。如果$\sigma<0$并在统计上显著，则说明战略性新兴产业内部产业间环境全

要素生产率水平的差异随着时间的推移在不断减小，存在着 σ 收敛；如果 $\sigma=0$，则说明战略性新兴产业间环境全要素生产率水平的差异一直维持原有水平，不扩大也不缩小，不存在 σ 收敛；如果 $\sigma>0$，则说明战略性新兴产业内部产业间环境全要素生产率水平的差异随着时间不断增大，不存在 σ 收敛。

模型回归结果如表 4.10 所示，模型回归结果进一步证实了前面的结论，在 2004 ~2016 样本考察期内，战略性新兴产业的环境全要素生产率随着时间的推移不存在显著的 σ 收敛。

表 4.10　2004 ~2016 年战略性新兴产业环境全要素生产率 σ 收敛检验结果

参数	系数	T 值	R^2
c	0.0431***	10.26	0.4297
σ	0.0031	2.85	

注：***、**、* 分别表示在 1%、5% 和 10% 的水平上通过显著性检验。

然而，以上的结果没有考虑产业间的相关性，将会存在一定误差。已有文献中，对 σ 收敛的研究通常是从决策单元自身的影响因素出发加以考虑的，但忽视了决策单元之间的影响关系，因此 σ 收敛也存在一定程度的不准确性。

4.3.3.2　战略性新兴产业环境效率区域间收敛性与特征分析

绝对 β 收敛是 σ 收敛的必要非充分条件，β 收敛检验是与时间序列相关的检验方式。在本节中，β 收敛是指初期生产率水平较低的产业的增速比初期生产率水平较高的产业快，也就是说不同经济系统之间的生产率增长率与初期生产率水平负相关。β 收敛包括绝对 β 收敛与条件 β 收敛两种形式。所谓绝对 β 收敛，是指具有相似制度、文化背景的区域，同时具有相似的技术发展水平，生产率增长较低的产业拥有比生产率较高的产业更高的增长速度，最终两类产业生产率趋于一致。所谓条件 β 收敛是指，由于不同地区拥有不同的制度、文化、经济社会发展条件和基础，因此具有不同的技术效率水平，绝对收敛并不存在，只有通过对外生影响因素的控制才能实现收敛。

β 收敛的检验方程如式（4.13）所示：

$$\frac{1}{T-t}\log\left(\frac{y_{iT}}{y_{it}}\right)=\alpha-\frac{1-e^{-\beta(T-t)}}{T-t}\log\left(\frac{Y_i^*}{Y_{it}}\right)+u_{it} \tag{4.13}$$

为描述和分析产业环境全要素生产率增长差异的变化，式中，i 代表经济单元，t 和 T 代表期初与期末时间，$T-t$ 为观察时间度，y_{it}、y_{iT}分别表示期初、期末的产业绿色生产率水平，α 表示待估系数，Y_{it}为每个产业的产出，Y_i^* 为稳定状态每个产业的产出水平，β 为收敛速度，表示 Y_{it}趋近于 Y_i^* 的速度，u_{it}为误差。

若参数 β 大于零，说明这 n 个产业间呈 β 收敛性。收敛程度随着 β 值的增大而递增。而 β 收敛又分为条件收敛和绝对收敛，若方程的回归结果不受是否加入附加变量的影响，则可以表现为 $\log\left(\frac{Y_i^*}{Y_{it}}\right)$ 与 $\log\left(\frac{y_{iT}}{y_{it}}\right)$ 之间的负相关性，此时就是绝对 β 收敛；若只有在加入其他有关附加变量后，回归结果才表现出负相关性，那么就是条件 β 收敛。

β 收敛作为一种典型的收敛检验方法，也只是区域收敛的必要条件，而并不是充分条件（Fallon & Lampart，1998）①。并且 β 收敛并不能代表收敛或不平衡的动态过程（Tsionas，2002）②。于是得出结论：β 收敛只能分析一定期间的收敛情况，不能分析该期间内的波动状况。

考虑到实际操作的困难，本书将采用绝对 β 收敛检验方法，借助环境全要素生产率值考察战略性新兴产业各个产业之间的收敛性。根据 Barro 和 Sala－i－Martin（1992）③ 的分析，本书选择下述回归模型来进行环境全要素生产率的收敛性检验。

$$\ln(Y_{it}/Y_{i0})/T=\alpha+\beta\ln(Y_{i0})+\varepsilon_{it} \tag{4.14}$$

其中，$\ln(Y_{it}/Y_{i0})/T$ 为 $0\sim t$ 期各产业的环境全要素生产率平均增长率，$\ln Y_{io}$是初始时期即 0 期的技术效率，ε_{it}表示随机扰动项。

以上模型是简化的检验 β 绝对收敛的模型。若回归的结果 β 值为负，表明收敛的存在性；反之，结果为正值则表示收敛的不存在性。根据该模型，得出最后的检验结果如表 4.11 所示。

从 β 系数及其统计检验可以看出，2003～2016 年战略性新兴产业存在收敛性，而每段时期的收敛性大小又有所不同。

---

① Fallon P.，Lampart C. Can backward subnational regions catch up with advanced ones?［J］. World Bank PREM Notes，1998（6）.

② Tsionas E. G. Stochastic frontier models with random coefficients［J］. Journal of Applied Econometrics，2002，17（2）：127－147.

③ Barro R. J.，Sala－i－Martin X. Convergence［J］. Journal of Political Economy，1992，100（2）：223－251.

表 4.11 各产业环境生产率收敛性分析（2003～2016 年）

	2003～2007 年	2007～2011 年	2011～2016 年
常数项	-0.327	-0.271	-0.136
P 值	0.128	0.043	0.032
β	-0.276	-0.567	-0.369
P 值	0.361	0.003	0.008
调整后的 R^2	-0.013	0.375	0.386

4.4 本章小结

本章为战略性新兴产业环境效率测度及其特征分析。首先，对战略性新兴产业环境效率的概念进行了界定，明晰了战略性新兴产业环境效率的基本内涵与主要外延。其次，采用 DEA 模型、环境技术函数、SBM 方向性距离函数及 GML 指数模型等方法和选取相关指标测度了战略性新兴产业环境效率。再次，对战略性新兴产业的环境效率测度结果进行特征分析，主要分析了七大战略性新兴产业环境效率及省域战略性新兴产业环境效率的分布特征。测度结果表明，我国战略性新兴产业的环境效率和省域环境效率整体呈现波动上升态势，说明我国资源有效利用水平和环境保护力度得到强化。在考虑非期望产出的前提下，环境因素的引入可以更加真实地反映产业的生产效率变动。未考虑环境因素时，大多数产业的技术进步（TECH）被低估而效率改进（EFFCH）被高估，影响了技术因素在生产效率中的重要作用。根据 SBM 模型的 GML 指数得出，环境约束下省域战略性新兴产业环境全要素生产率、效率的变动和技术进步变动在各省之间存在一定差异。最后，对战略性新兴产业环境效率的收敛性与特征进行分析。环境全要素生产率的绝对 σ 收敛结果表明，在 2004～2016 样本考察期内，战略性新兴产业的环境全要素生产率随着时间的推移不存在显著的 σ 收敛。从 β 系数及其统计检验可看出，2003～2016 年战略性新兴产业存在收敛性，而每段时期的收敛性大小又有所不同。那么，又有什么因素会影响战略性新兴产业的环境效率呢？本书将在下一章中进行探讨。

5 战略性新兴产业环境效率影响因素实证分析

在前一章研究的基础上，本章将对战略性新兴产业环境效率影响因素进行探寻，并采用 Tobit 面板模型开展实证分析，探索不同因素对环境效率的影响程度，通过判断其作用程度的大小来进一步分析其关键影响因素。

5.1 模型设定

为探索各因素对战略性新兴产业环境规制效率的影响，本章设立了以下计量模型：

模型 1：$Geee_{it} = \alpha_0 + \alpha_1 Eco_{it} + \alpha_2 Hlh_{it} + \alpha_3 Gjh_{it} + \alpha_4 Gov_{it} + \alpha_5 Market_{it} + \alpha_6 FBI_{it} + \alpha_7 Stjs_{it} + \alpha_8 Regulation_{it} + \alpha_9 GZLJ_{it} + \alpha_{10} RD_{it} + \xi_{it}$

模型 2：$Tc_{it} = \beta_0 + \beta_1 Eco_{it} + \beta_2 Hlh_{it} + \beta_3 Gjh_{it} + \beta_4 Gov_{it} + \beta_5 Market_{it} + \beta_6 FDI_{it} + \beta_7 Stjs_{it} + \beta_8 Regulation_{it} + \beta_9 GZLJ_{it} + \beta_{10} RD_{it} + \xi_{it}$

模型 3：$Ec_{it} = \gamma_0 + \gamma_1 Eco_{it} + \gamma_2 Hlh_{it} + \gamma_3 Gjh_{it} + \gamma_4 Gov_{it} + \gamma_5 Market_{it} + \gamma_6 FDI_{it} + \gamma_7 Stjs_{it} + \gamma_8 Regulation_{it} + \gamma_9 GZLJ_{it} + \gamma_{10} RD_{it} + \xi_{it}$

其中，*Geee* 表示考虑了环境因素的战略性新兴产业全要素环境效率，*Tc* 为考虑了环境因素的战略性新兴产业技术改进，*Ec* 为考虑了环境因素的战略性新兴产业效率改进。

模型 1 为全要素生产效率模型，该模型主要用于考察各因素对考虑了环境因素的战略性新兴产业全要素环境效率的影响。模型 2 为技术改进模型，该模型主要用于检验各因素对考虑了环境因素的战略性新兴产业前沿技术改进的影响。模型 3 为效率改进模型，该模型主要用于探究各因素对考虑了环境因素的战略性新兴产业效率改进的影响。

5.1.1 变量解释与说明

Eco 表示经济发展水平，直接用各省份的人均 GDP 来衡量。随着经济发展水平的不断提升，居民的生态环保意识在不断增强，对产品生产过程也更加严苛，对绿色产品的消费需求日益增加，而战略性新兴产业如新能源产业、新材料产业、节能环保产业等大多属于绿色产业。因此居民消费理念的绿色化有利于加大对战略性新兴产业的产品需求，并为战略性新兴产业的技术创新提供有力的资金支持，能够推动战略性新兴产业的绿色技术创新，并降低其发展的生态环境代价，进而促进环境效率的增长。

Hlh 表示产业结构合理化。根据干春晖等的观点，资源利用效率是衡量一个国家或地区的产业结构是否合理的重要标准，在其他条件既定的情况下，特定产业的资源利用效率越高，其产业结构越合理。与此同时，根据资源配置的帕累托最优准则，只有当一种资源的配置在各种用途上的边际收益均相等时，资源的配置结构才实现了帕累托最优，因此可以将现实的要素配置结构对均衡要素配置结构的偏离程度作为资源配置效率（产业结构合理化程度）的一个量度。此外，不同的产业，其重要性程度存在显著的差别，因此在构造产业结构合理化指标时，需要将这种重要性差异考虑在内，借鉴泰尔熵的计算方法，即：

$$Hlh_i = \sum_{j=1}^{k} \frac{Y_{ij}}{Y}\ln\left(\frac{\frac{L_{ij}}{Y}}{\frac{L}{Y}}\right)$$

其中，*Hlh* 表示产业结构合理化指数，L_{ij}和 Y_{ij}分别表示 i 地区 j 产业的劳动力投入和产出，L 和 Y 分别表示 i 地区 j 产业的总投入和总产出，*Hlh* 越大表示现实的产业结构对均衡的产业结构的偏离程度越大，即产业结构越不合理。由于国家统计局自 2011 年开始停止统计各省份按三次产业划分的就业人数数据，故无法直接衡量省级层面的产业结构合理化程度，但考虑到省会城市是一个省份经济社会发展状况的集中反映，故本节直接用各省份省会城市的数据进行替代。产业结构合理化程度的提高有利于改善生产资源在不同产业之间的配置状况，提升其配置效率，刺激战略性新兴产业产出的增长，降低战略性新兴产业发展过程中的生态环境代价，促进战略性新兴产业环境效率的持续快速增长。与此同时，产业结构合理化是产业结构高级化的基础，产业结构合理化程度提升可以推动产业结构向高级化变迁，促使战略性新兴产业规模效率提高，进而促进战略性新兴产业环境效率增长。

Service 为第三产业产值占比。与传统产业不同，战略性新兴产业属于技术、知识密集型产业，其发展过程需要大量高技术产业（特别是优质的生产性服务业）的支持。因此，产业结构高级化程度的提升可为战略性新兴产业的发展提供配套产业支持，刺激其规模的扩张，并对未来开展绿色技术创新提供强有力的资金支持，推动其绿色技术进步，促进其环境效率的持续快速增长。

Gov 为政府对经济的干预能力。政府购买是政府干预经济最直接也是最有效的手段，但是从财政体系的发展现状来看，预算内收入是政府筹集财政资金的重要渠道。鉴于此，本节直接采用政府财政收入占 GDP 的比重作为政府经济干预能力的一个量度，该比值越大，说明政府所掌握的资源越多，对经济的干预能力越强。此外，由于环境污染问题是一个外部性问题，环境资源的配置过程存在严重的市场失灵，单纯依靠市场力量无法实现战略性新兴产业环境资源的最优配置，因而也就无法达到最佳的环境效率。政府作为对市场机制的一种替代，可在一定程度上缓解市场失灵问题，提高战略性新兴产业环境资源的配置效率，促进战略性新兴产业环境效率的持续快速增长。

Market 表示环境资源交易市场的发育程度。由于我国直接的环境交易市场建设较为滞后，因此我国尚未对环境资源的交易状况进行系统的统计，但环境资源交易市场是嵌入在整个市场经济体系之内的，是整个市场经济体系的重要组成部分，整个市场经济体系的发育状况将会对环境资源交易市场的发育进程产生重要影响。因此，本节直接以特定地区整个经济体系的市场发育状况作为环境资源交易市场发育状况的一个近似替代。与此同时，考虑到劳动力是生产过程中最活跃的因素，劳动力资源的市场化是要素市场体系市场化的关键一环，是决定要素市场体系的市场发育进程的核心因素。所以，此处直接用劳动力市场的市场化程度（私营和个体企业从业人员占城镇单位从业人员总数的比重）作为经济体系市场

化程度（即环境资源交易市场的发育程度）的一个量度。

结合我国市场化改革历程，劳动力市场的发展较晚，因此劳动力市场的市场化程度在较大程度上反映了一个地区的总体市场化程度。该指标直接用私营企业和个体从业人员占城镇单位就业人员总数的比重来表示，该比值越大，说明通过市场机制配置的要素比重越大，市场化程度越高。良好的市场环境有利于降低环境资源的配置成本和提升其配置效率，进而促进战略性新兴产业环境效率增长。如排污权交易机制的建立可有效降低环境污染权利的交易成本，改善环境污染权利的配置结构，提升环境污染权利的配置效率，促进战略性新兴产业环境效率的增长。

FDI 即外商直接投资，用外商直接投资年末登记数来表示。外商直接投资对战略性新兴产业环境效率的影响主要体现在以下两个方面：一是技术溢出效应，与国内资本相比，外商直接投资的管理更加先进，生产技术水平相对更高，在战略性新兴产业领域更是如此，因此外商直接投资企业的进入将会通过技术倒逼效应促进国内战略性新兴产业生产技术水平的提升，促进其环境效率的持续快速增长。二是产业结构转型阻滞效应，虽然通过接受发达国家产业转移的方式能有效缩短东道国工业化进程，促进短期经济的增长，但与此同时也会助长区域产业结构转型升级的惰性，让东道国过分依赖发达国家的产业转移，而不根据自身发展战略，主动谋求产业结构转型升级，这将固化东道国原有的产业结构，阻碍传统产业向战略性新兴产业的转型，阻滞规模效率的有效发挥以及环境效率的持续快速增长。因此，外商直接投资对战略性新兴产业的影响效果并不确定，若技术溢出效应大于产业结构转型阻滞效应，外商直接投资将促进战略性新兴产业环境效率增长；若后者大于前者，外商直接投资的进入将抑制战略性新兴产业环境效率的增长。

Stjs 表示生态建设力度，直接用建成区园林绿地面积与建成区面积之比来表示。该比值越大，说明政府的生态建设力度越大，这不仅能直接改善当地的生态环境状况，而且还会向企业传递出政府重视生态环境保护的积极信号，合理引导传统产业转型升级，降低战略性新兴产业的发展阻力，提升整个社会经济发展的资源环境效率，促进战略性新兴产业环境效率的增长。

Regulation 表示环境规制，直接用环境保护机构的机构数量和人员数量来度量。环境保护机构的机构数量和人员数量越多，意味着政府对微观环境行为的干预能力越强，微观环境动力主体的环境行为所受到的约束越强，环境规制也就越严格。环境规制强度的提升不仅能直接限制战略性新兴产业的污染物排放行为，

降低战略性新兴产业的污染物排放，弱化对生态施加的不利影响，推动战略性新兴产业发展环境效率的增长；而且还能有效引导生产资源在不同产业之间的流动，提升战略性新兴产业对优质生产资源的汇聚能力，提升其绿色技术创新能力，推动其绿色技术创新进步。在减少污染物排放的同时，促进战略性新兴产业经济产出增长，推动战略性新兴产业生产技术的弯道超车，实现经济发展与环境保护的和谐共融，促进战略性新兴产业环境效率的持续快速增长。

由于机构数量和人员数量是两类不同性质的指标，不能直接运算，考虑到熵值法在构造权重指标时较为客观，故此处采用熵值法来对二者进行综合。具体过程如下：首先，对指标进行标准化处理，即 $y_{ij}=\frac{x_{ij}-\min X_j}{\max X_j-\min X_j}+0.0001$，其中，$x_{ij}$表示个体 i 第 j 项指标的原始数值，$\max X_j$ 和 $\min X_j$ 分别表示第 j 项指标的最大值和最小值，y_{ij}为个体 i 第 j 项指标经标准化处理后的数值。然后，计算个体 i 对第 j 项指标的贡献度，即 $p_{ij}=\frac{y_{ij}}{\sum_{i=1}^{n}y_{ij}}$。其次，计算信息熵，$e_j=-\frac{1}{\ln k}\times\sum_{i=1}^{n}p_{ij}\ln p_{ij}$，其中 k 表示样本的个数。再次，计算差异系数，即 $d_j=1-e_j$。又次，得到各指标的权重系数，即 $w_j=\frac{d_j}{\sum_{j=1}^{r}d_j}$，其中 r 表示指标个数，此处为 2。最后，计算各个体的综合得分，即 $s_i=\sum_{j=1}^{2}y_{ij}w_j$。

GZLJ 表示环境执法的公正廉洁程度，直接用环境信访来访信件数和来访批次数来表示。来访数量越大，说明环境执法的公正廉洁程度越低，这将降低政府环境规制的公信力，降低环境规制的遵循程度，弱化环境规制的制度绩效，加剧战略性新兴产业的污染物排放，提高战略性新兴产业发展的生态环境代价，抑制战略性新兴产业环境效率的增长。与环境规制类似，环境信访来访信件数和来访批次数也属于不同性质的指标，此处也采用熵值法来对二者进行综合。

RD 为研发资本存量。借鉴固定资产投资价格指数的估计方法，采用永续盘存法对初始研发资本存量进行了估计，考虑到知识折旧速度较快，因此将研发资本的折旧率定为0.15。研发资本存量的增加有利于提高战略性新兴产业的绿色技术创新实力，促进绿色技术创新，促进战略性新兴产业环境效率的增长。

5.1.2 数据处理

外商直接投资数据先按历年平均汇率换算成以人民币计价的数额，然后再用固定资产投资价格指数进行平减，已统一调整至以2000年为基准的可比价格水平。经济发展水平用GDP平减指数进行平减，已统一调整至以2000年为基准的可比价格水平。由于研发资本兼具消费品和投资品的属性，因此在对其进行价格处理时需要同时考虑消费价格指数和固定资产投资价格指数，借鉴已有文献的做法，分别将二者的权重设为0.55和0.45。

5.1.3 数据来源

各省的政府一般预算内收入数据来源于《中国宏观经济统计数据库》，各省会城市第一、第二和第三产业总产值以及从业人员数据、外商直接投资数据来源于EPS系统《中国对外经济数据库》，私营企业和个体从业人员数以及城镇从业人员总数数据来源于EPS系统《劳动经济数据库》，人均收入、环境保护系统年末环保机构数和人员数、环境信访来访人数和来访批次数据来源于EPS系统《环境数据库》，建成区绿地面积以及园林绿地面积数据来源于EPS系统《城乡建设统计数据库》，财政收入数据来源于EPS系统《中国财政税收数据库》，各省份GDP来源于《中国宏观经济数据库》。研究与试验发展经费支出数据来源于EPS系统《中国科技数据库》。

5.2 模型估计

5.2.1 战略性新兴产业全要素环境效率模型估计及结果分析

本书利用我国30个省份（西藏除外）2004～2016年的相关数据，采用普通面板回归模型对战略性新兴产业全要素环境效率模型进行了估计。与此同时，为识别各因素对战略性新兴产业全要素环境效率影响是否存在地域性差别，还分别以东部、中部和西部地区为样本进行了回归，具体估计结果如表5.1所示。

表 5.1 各因素与战略性新兴产业全要素环境效率（*Geee*）的回归结果

变量	全国	中部	东部	西部
经济发展水平（*Eco*）	0.0039 (0.27)	0.017 (0.46)	0.025* (1.58)	0.056* (1.66)
产业结构合理化（*Hlh*）	0.6145* (1.29)	0.58 (0.35)	0.053 (0.096)	0.38 (0.23)
第三产业产值占比（*Service*）	0.14** (2.15)	0.22 (1.01)	0.24** (2.16)	0.22 (1.00)
政府对经济的干预能力（*Gov*）	0.096* (1.24)	0.11 (0.033)	-1.04 (0.93)	-0.02 (0.001)
环境资源交易市场的发育程度（*Market*）	0.096 (1.23)	-0.21 (0.48)	-0.04 (0.29)	-0.09 (0.22)
外商直接投资（*FDI*）	0.015 (0.566)	0.33** (1.69)	-0.0029 (0.05)	0.31* (1.57)
生态建设力度（*Stjs*）	-0.048* (1.31)	-2.8* (1.34)	-0.76* (1.49)	-2.9* (1.42)
环境规制（*Regulation*）	-3.029* (1.55)	-3.758 (0.58)	-3.603* (1.37)	-2.17 (0.34)
环境执法的公正廉洁程度（*GZLJ*）	0.21* (1.37)	-0.17 (0.39)	0.27* (1.39)	-0.16 (0.39)
研发资本存量（*RD*）	-0.0476* (1.31)	-0.22** (1.88)	-0.1* (1.6)	-0.22** (1.93)
R^2	0.78	0.66	0.89	0.77

注：*、**、***分别表示在10%、5%和1%的水平上显著。

基于表5.1的回归结果，从全国的样本回归数据结果中我们可以发现，经济发展水平、产业结构合理化、第三产业产值占比、政府对经济的干预能力、环境资源交易市场的发育程度、外商直接投资、环境执法的公正廉洁程度均与战略性新兴产业全要素环境效率呈正相关关系。并且产业结构合理化、第三产业产值占比、政府对经济的干预能力以及环境执法的公正廉洁程度与全要素环境效率的弹性系数分别在10%、5%、10%、10%的水平上显著，相关正弹性系数分别为0.6145、0.14、0.096和0.21。结果意味着，产业结构合理化水平每提高1个百分点，全要素环境效率提高 0.6145 个百分点；第三产业产值占比每提高 1 个百分点，全要素环境效率提高 0.14 个百分点；政府对经济的干预能力每提高 1 个百分点，全要素环境效率提高 0.096 个百分点；环境执法的公正廉洁程度每提高 1 个百分点，全要素环境效率提高 0.21 个百分点。相比之下，生态建设力度、环境规制以及研发资本存量与全要素环境效率之间的弹性系数均为负，并且均在 10% 水平上显著。但不可忽视的是，环境规制对全要素环境效率的负效应极为明显，抑制效应最强。其原因可能在于，在环境规制的初期，加大环境规制强度一方面可以对战略性新兴产业的污染物排放行为进行控制，另一方面提高了企业的生产成本，导致产业在发展过程中面临较大的阻碍，全要素环境效率面临困境。但是环境规制行为强调的是提升战略性新兴产业的可持续发展水平，所以从长远角度来看，环境规制对全要素环境效率的影响将由消极变为积极。

对比东部、中部、西部三个区域的回归结果来看，十个变量对全要素环境效率的影响程度略有不同，但整体趋势大致保持一致。不可否认，产业结构合理化与第三产业产值占比是促进全要素环境效率提高的重要变量；相反，环境规制和生态建设力度是抑制全要素环境效率的变量，但是该抑制性经常体现为短期，从长期来看，该抑制作用将不再明显，反而会发挥促进作用。

5.2.2 战略性新兴产业技术改进模型估计及结果分析

本节利用我国 30 个省份（西藏除外）2004 ~ 2016 年的相关数据，采用普通面板回归模型对考虑了环境因素的战略性新兴产业技术改进模型进行了估计。与此同时，为识别各因素对战略性新兴产业技术改进的影响是否存在显著的区际差异，分别以东部、中部和西部地区省份为样本进行了进一步的分析，具体估计结果如表 5.2 所示。

表 5.2 各因素与战略性新兴产业技术改进（*Tc*）的回归结果

变量	全国	中部	东部	西部
经济发展水平（*Eco*）	0.9 *	0.028	0.025 *	0.045
	(0.66)	(0.56)	(0.17)	(0.85)
产业结构合理化（*Hlh*）	-0.37	0.003	-0.17	-1.13
	(0.81)	(0.002)	(1.24)	(0.28)

续表

变量	全国	中部	东部	西部
第三产业产值占比（*Service*）	0.16***	0.41**	0.074	0.13**
	(2.15)	(1.74)	(0.65)	(1.69)
政府对经济的干预能力（*Gov*）	-1.14*	-1.98	-0.98	-1.06
	(1.27)	(0.54)	(0.95)	(0.63)
环境资源交易市场的发育程度（*Market*）	0.03	-0.53	0.25**	0.04
	(0.42)	(1.13)	(2.02)	(0.32)
外商直接投资（*FDI*）	-0.35**	0.14	-0.04	0.005
	(0.13)	(0.66)	(0.8)	(0.008)
生态建设力度（*Stjs*）	0.66	-1.16	-0.05	-1.2*
	(1.41)	(0.52)	(0.11)	(1.27)
环境规制（*Regulation*）	-2.645*	-1.093*	-2.71**	-2.17
	(1.42)	(1.51)	(2.19)	(0.55)
环境执法的公正廉洁程度（*GZLJ*）	0.37***	0.89**	0.086*	0.48*
	(2.42)	(1.88)	(0.49)	(1.5)
研发资本存量（*RD*）	0.5*	0.198*	0.18	0.09
	(1.55)	(1.57)	(0.3)	(0.18)
R^2	0.88	0.89	0.85	0.90

注：*、**、*** 分别表示在10%、5%和1%的水平上显著。

基于表5.2的回归结果，在全国的样本回归数据结果中我们可以发现，经济发展水平、第三产业产值占比、环境资源交易市场的发育程度、生态建设力度、环境执法的公正廉洁程度、研发资本存量均与战略性新兴产业技术改进呈正相关关系，并且经济发展水平、第三产业产值占比、环境执法的公正廉洁程度以及研发资本存量与战略性新兴产业技术改进的弹性系数分别在10%、1%、1%、10%的水平上显著，相关正弹性系数分别为0.9、0.16、0.37和0.5。结果意味着，经济发展水平每提高1个百分点，战略性新兴产业技术改进提高0.9个百分点；第三产业产值占比每提高1个百分点，战略性新兴产业技术改进提高0.16个百分点；环境执法的公正廉洁程度每提高1个百分点，战略性新兴产业技术改进提高0.37个百分点；研发资本存量每提高1个百分点，战略性新兴产业技术改进提高0.5个百分点。相比之下，外商直接投资、环境规制以及政府对经济的干预能力对战略性新兴产业技术改进发挥抑制效应，其回归结果均显著。外商直接投资水平较高时，虽然通过接收发达国家产业转移的方式能有效缩短东道国工业化进程，促进短期经济的增长，但与此同时也会助长区域产业结构转型升级的惰性，让东道国过分依赖发达国家的产业转移，而不根据自身发展战略，主动谋求产业结构转型升级，这将固化东道国原有的产业结构，阻碍传统产业向战略性新兴产业的转型，从而抑制战略性新兴产业技术的发展，导致外商直接投资水平与战略性新兴产业技术改进之间的弹性系数为负。而环境规制和政府对经济的干预能力抑制战略性新兴产业技术改进的原因可能在于政府对战略性新兴产业干涉过多，不利于战略性新兴产业积极性的发挥，导致战略性新兴产业在某种程度上墨守成规。同时，政府的过多干预也会提高战略性新兴产业生产成本，资金匮乏也是导致战略性新兴产业无法及时做到技术改进的重要原因。

对比东部、中部、西部三个区域的回归结果来看，十个变量对战略性新兴产业技术改进的影响程度略有不同。就经济发展水平来看，东部地区经济水平最高，其产业技术改进已经达到一定水平，而中部和西部相比之下经济水平落后，因此，经济水平的提高对战略性新兴产业技术改进的边际价值更大。除此之外，不可否认，第三产业产值占比、环境执法的公正廉洁程度、研发资本存量是促进战略性新兴产业技术改进的重要变量；相反，环境规制和政府对经济的干预能力是抑制战略性新兴产业技术改进的变量。

5.2.3 战略性新兴产业效率改进模型估计及结果分析

利用我国 30 个省份（西藏除外）2004～2016 年的相关数据，结合战略性新兴产业环境效率测算结果的分解结构，采用普通面板回归模型对战略性新兴产业效率改进模型进行了估计。与此同时，为了识别各因素对战略性新兴产业效率改进的影响，分别以东部、中部和西部地区省份为样本做了进一步的分析，具体估计结果如表 5.3 所示。

表 5.3 各因素与战略性新兴产业效率改进（*Ec*）的回归结果

变量	全国	中部	东部	西部
经济发展水平（*Eco*）	0.02*	0.03	0.00864	0.03
	(1.44)	(0.8)	(0.95)	(1.17)

续表

变量	全国	中部	东部	西部
产业结构合理化（*Hlh*）	1.2** (1.29)	0.98** (0.35)	1.85** (0.65)	0.23*** (0.23)
第三产业产值占比（*Service*）	0.09* (1.46)	-0.036 (0.144)	0.15** (2.28)	0.09 (1.06)
政府对经济的干预能力（*Gov*）	-2.37*** (2.59)	-5.64* (1.55)	-0.67 (1.04)	-2.55 (1.33)
环境资源交易市场的发育程度（*Market*）	0.16** (2.07)	-0.09 (0.21)	0.089 (1.15)	0.19 (1.29)
外商直接投资（*FDI*）	-0.0001 (0.004)	0.3* (1.33)	-0.016 (0.48)	0.38 (1.54)
生态建设力度（*Stjs*）	-0.35 (0.73)	-0.48 (0.2)	-0.16 (0.56)	-1.14* (1.07)
环境规制（*Regulation*）	-2.39 (1.25)	-3.758 (0.58)	-1.787 (1.2)	-1.97* (1.63)
环境执法的公正廉洁程度（*GZLJ*）	0.38*** (2.44)	0.72* (1.43)	0.15* (1.46)	0.18 (0.5)
研发资本存量（*RD*）	-0.028* (0.79)	-0.05 (0.38)	-0.06* (1.82)	0.01 (0.24)
R^2	0.87	0.79	0.88	0.9

注：*、**、***分别表示在10%、5%和1%的水平上显著。

基于表5.3的回归结果，从全国的样本回归数据结果中我们可以发现，经济发展水平、产业结构合理化、第三产业产值占比、环境资源交易市场的发育程度、环境执法的公正廉洁程度均与战略性新兴产业效率改进呈正相关关系，并且经济发展水平、产业结构合理化、第三产业产值占比、环境资源交易市场的发育程度、环境执法的公正廉洁程度与战略性新兴产业效率改进的弹性系数分别在10%、5%、10%、5%和1%的水平上显著，相关正弹性系数分别为0.02、1.2、0.09、0.16和0.38。结果意味着，经济发展水平每提高1个百分点，战略性新兴产业效率改进提高0.02个百分点；产业结构合理化每提高1个百分点，战略性新兴产业效率改进提高1.2个百分点；第三产业产值占比每提高1个百分点，战略性新兴产业效率改进提高 0.09 个百分点；环境资源交易市场的发育程度每提高 1 个百分点，战略性新兴产业效率改进提高 0.16 个百分点；环境执法的公正廉洁程度每提高 1 个百分点，战略性新兴产业效率改进提高 0.38 个百分点。相比之下，政府对经济的干预能力以及研发资本存量对战略性新兴产业效率改进发挥抑制效应，其回归结果分别在 1% 和 10% 的水平上显著。从以上回归结果可以看出，产业结构合理化水平是促进战略性新兴产业效率改进的重要因素，产业结构合理化水平越高，表明产业结构所决定的资源利用效率越高，资源配置效率达到帕累托最优，为此，对产业效率的改进效果最为明显。而政府对经济的干预能力往往使得企业经济利益受损，打击了企业的生产积极性，从而会抑制企业效率提高。研发资本存量较高的企业对企业发展来说并非是有益的，它会使得企业安于现状，导致资源很难获得最优化使用，对企业高效率发展带来不利影响，出现“资源诅咒”雷同现象。

对比东部、中部、西部三个区域的回归结果来看，十个变量对战略性新兴产业技术改进的影响程度存在较大差异。就产业结构合理化水平来看，东部地区产业结构合理化水平对战略性新兴产业的促进效果最为明显，西部地区最弱。由于东部地区经济发展水平较高，产业发展已达到一定的水平，很多产业正面临发展瓶颈。为此，产业结构合理化水平的提高对东部地区来说是产业突破瓶颈的路径，也是产业效率提高的重大突破口。但不可否认，除产业结构合理化水平外，诸如环境执法的公正廉洁程度等也是保障战略性新兴产业效率改进的重要因素，无论区域发展水平如何，其均能在战略性新兴产业效率改进中发挥出积极作用。

5.3 本章小结

基于以上的探索性分析，可以归纳出环境规制、第三产业产值占比、环境执法的公正廉洁程度、研发资本存量、产业结构合理化是影响我国战略性新兴产业发展的重要变量。

研究发现，对比东部、中部、西部三个区域的回归结果来看，产业结构合理化与第三产业产值占比是促进全要素环境效率提高的重要变量；相反，环境规制和生态建设力度是抑制全要素环境效率的变量，但是该抑制性经常体现为短期，从长期来看，该抑制作用将不再明显，反而会发挥促进作用。从经济发展水平来看，东部地区经济水平最高，其产业技术改进已经达到一定水平，而中部和西部相比之下经济发展水平落后，经济发展水平的提高对战略性新兴产业技术改进的边际价值更大。除此之外，第三产业产值占比、环境执法的公正廉洁程度、研发资本存量是促进战略性新兴产业技术改进的重要变量；相反，环境规制和政府对经济的干预能力是抑制战略性新兴产业技术改进的变量。从产业结构合理化水平来看，东部地区产业结构合理化水平对战略性新兴产业的促进效果最为明显，西部地区最弱。这是由于在东部地区经济发展水平较高，产业发展已达到一定的水平，很多产业正面临发展瓶颈。环境执法的公正廉洁程度等也是保障战略性新兴产业效率改进的重要因素。为此，在接下来的研究工作中，仍需对提升战略性新兴产业环境效率的路径做进一步研究，从而实现在战略性新兴产业发展实践中，不断提升其环境效率。

6 战略性新兴产业环境效率提升的机制设计

在第 5 章中，本书已经探索了影响战略性新产业环境效率的因素，并通过实证方法分析了各因素对战略性新产业环境效率的影响。各个因素是如何通过影响战略性新兴产业的动力主体决策从而使得环境效率得到提升，以及动力主体间如何建立起合作机制共同促进环境效率提升将是本章研究的重点。

6.1 战略性新兴产业环境效率动力主体分析

6.1.1 动力主体界定

要对战略性新兴产业环境效率动力主体间关系进行分析，首先要明确战略性新兴产业的动力主体。目前，国内外学者对战略性新兴产业的环境效率研究主要集中在测度和收敛性分析（周材华，2014①；张炼，2014②；徐晔、陶长琪，2015③），几乎没有文献对其动力主体进行分析。提升战略性新兴产业的环境效率的途径包括通过技术创新提高期望产出和注重环境保护降低非期望产出。提高

① 周材华．我国战略性新兴产业环境技术效率的测度研究［D］．江西财经大学，2014.

② 张炼．我国战略性新兴产业环境技术效率的动力机制研究［D］．江西财经大学，2014.

③ 徐晔，陶长琪．中国战略性新兴产业环境技术效率研究［J］．当代经济研究，2015（2）：56－61.

期望产出需要依靠战略性新兴产业的技术创新，降低非期望产出则需要战略性新兴产业在发展的过程中注重生态环境保护，减少污染物的排放。所以，找寻战略性新兴产业环境效率动力主体可以从战略性新兴产业发展的动力机制及生态系统演化等角度入手去探究。

在对战略性新兴产业的动力机制进行研究时，汤鹏主（2012）① 构建了动力机制模型，认为政府需要、政府竞争、政府动机是动力生成机制，而市场引力、政策推力以及企业间的学习效应是动力发展机制；桂黄宝（2012）② 针对目前关于我国战略性新兴产业如何成长的动力机制问题，提出了创新驱动、政策推动、需求拉动以及市场竞争“四轮驱动模型”，以期为我国战略性新兴产业的成长提供理论借鉴和参考；石明虹和刘颖（2013）③ 则认为外部环境的刺激和内部主体之间的非线性作用形成了战略性新兴产业集聚的动力机制，并总结出内部动力主要有创新收益的吸引力、创新成果的推动力、创新文化的号召力以及企业高层的领导力，外在动力主要是市场需求拉动力、政府支持拉动力、科技进步推动力和市场竞争的压力；戴志颖（2015）④ 通过构建模拟方程，揭示了战略性新兴产业内创新主体、组织结构、外部环境对产业发展的影响；吕荣杰等（2017）⑤ 认为战略性新兴产业的发展离不开国家层面的顶层设计，各地区政府也要结合当地特色，发展主导产业，推动多主体的自主发展。

由于战略性新兴产业的发展较为复杂，所以不少学者在对其研究时从整个产业创新系统的角度去分析战略性新兴产业的培育和内部发展问题。如曹兴等（2013）⑥ 认为，战略性新兴产业自主技术创新能力的形成过程是一个动态的复杂系统，战略性新兴产业自主技术创新能力的形成离不开企业、政府和科研院所

---

① 汤鹏主．战略性新兴产业发展中的政府行为动力机制及其路径选择研究［J］．湖北社会科学，2012（10）：95－97.

② 桂黄宝．战略性新兴产业成长动力机制分析——以我国新能源汽车为例［J］．科学管理研究，2012，30（3）：48－51.

③ 石明虹，刘颖．战略性新兴产业集群式创新动力机制与关键诱导因素研究［J］．科技管理研究，2013，33（24）：203－206.

④ 戴志颖．战略性新兴产业协同演化动力机制研究［J］．统计与决策，2015（6）：51－54.

⑤ 吕荣杰，郝力晓，吴超．战略性新兴产业集聚动力机制研究［J］．管理现代化，2017，37（3）：33－37.

⑥ 曹兴，张云，张伟．战略性新兴产业自主技术创新能力形成的动力体系［J］．系统工程，2013，31（7）：78－86.

三大主体的协同发展；吴绍波（2013）[①] 指出，战略性新兴产业创新生态系统的治理机制包括协商机制、声誉机制、信息披露和平台开放机制及信任机制，通过几种治理机制的综合运用可以实现克服机会主义行为、提高知识共享意愿的治理目标；郭燕青、何地（2017）[②] 运用生态学小生境理论分析新能源汽车产业时归纳出了关键技术主导型、科技孵化支撑型和集成创新驱动型三种技术创新小生境模式，并对新能源汽车产业提出了完善自我保护机制、构建协同共生模式和优化创新生存因子的相关政策与建议；王宏起等（2018）[③] 从核心创新层、辅助创新层和支撑创新层三个创新层平衡方面来分析战略性新兴产业创新生态系统结构平衡的问题，以提高创新生态系统及战略性新兴产业的创新效率。

近几年来，也有部分文献开始基于博弈论视角对战略性新兴产业动力主体进行研究。如张敬文等（2016）[④] 在对战略性新兴产业集群协同创新活动进行分析时，认为战略性新兴产业集群协同创新活动需要实现企业、政府、高校及科研机构和中介机构多维创新主体协同互动来共同促进战略性新兴产业创新发展，并通过建立以战略性新兴产业企业和科研院所为主体的演化博弈模型来分析它们之间协同创新的动态演化过程。张健等（2017）[⑤] 为了弥补共性技术创新主体的缺乏，更好地促进战略性新兴产业的发展，应用演化博弈理论分析了有限理性下政府、企业和高校（科研机构）之间的博弈行为，探讨演化路径、稳定均衡策略及其影响因素的作用机理。汪明月等（2018）[⑥] 针对产业技术创新跨区域、跨学科协同合作的特性，为实现战略性新兴产业技术异地协同共享，建立了上下游参研单位产业技术共享演化博弈模型。

---

① 吴绍波．战略性新兴产业创新生态系统协同创新的治理机制研究［J］．中国科技论坛，2013（10）：5-9.

② 郭燕青，何地．网络视角下战略性新兴产业技术创新小生境演化研究——以中国新能源汽车产业为例［J］．科技进步与对策，2017，34（2）：64-71.

③ 王宏起，刘梦，李玥，杨仲基．结构平衡目标下区域战略性新兴产业创新生态系统科技资源配置模型［J］．中国科技论坛，2018（11）：35-43.

④ 张敬文，李晓园，徐莉．战略性新兴产业集群协同创新发生机理及提升策略研究［J］．宏观经济研究，2016（11）：106-113.

⑤ 张健，张威，吴均．战略性新兴产业共性技术协同创新的演化博弈——三重螺旋视阈下的研究［J］．企业经济，2017，36（1）：41-48.

⑥ 汪明月，肖灵机，万玲．基于演化博弈的战略性新兴产业技术异地协同共享激励机制研究［J］．管理工程学报，2018，32（3）：206-213.

从上述文献我们可以总结出，战略性新兴产业提升环境效率受到政府、企业、科研机构、高校、外商直接投资、金融机构、中介组织和客户等主体的共同影响，随着主体行为的不断调整，战略性新兴产业创新系统不断演化。政府是国家利益的体现者，具有强引导性，可以促进战略性新兴产业良好发展；企业是战略性新兴产业的组成部分，是市场经济的生产者，所以战略性新兴产业发展离不开企业，且由于战略性新兴产业作为技术、知识密集型产业，科研院所（包括科研机构和高校）和外商直接投资（FDI）提供的技术支持对于战略性新兴产业技术创新至关重要；随着社会文明的发展，社会监督者（包括消费者、社会公众、中介机构等）在经济发展中的作用也越来越大，其舆论监督会对企业和政府的行为决策产生重要影响。所以本章将影响战略性新兴产业环境效率的动力主体归纳为政府、企业和社会监督者三大类。

6.1.2 影响指标分析

本书的第 5 章已经分析了经济发展水平、产业结构合理化、第三产业产值占比、政府对经济的干预能力、环境资源交易市场的发育程度、外商直接投资、生态建设力度、环境规制、环境执法的公正廉洁程度和研发资本存量十个因素对战略性新兴产业环境效率提升的影响。为了更为详细地分析这十大因素是如何通过直接影响企业、政府和社会监督者行为决策进而对环境效率产生影响的，下文将对这十个影响因素具体分类为企业市场利润、科研院所的溢出效应、FDI 的溢出效应/阻滞效应、研发支出、政府监管/不监管成本、政府税收、政府环境规制和社会监督带来的潜在收益八个指标，这些指标通过影响企业、政府部门和社会监督者的收益和成本，从而对企业、政府和社会监督者的行为决策产生影响，进而影响战略性新兴产业的环境效率。如图 6.1 所示。

企业市场利润：这里指战略性新兴产业企业进行生产在市场上获得的营业利润，是营业收益与生产成本的差值。

科研院所的溢出效应/FDI 的溢出效应/阻滞效应：外商直接投资（FDI）和科研机构的技术溢出效应/阻滞效应是企业的绿色创新收益。FDI 可以给东道国的企业带来技术进步以及引入环境保护技术，使得企业产生规模经济从而提高资源的利用效率，降低生产成本；但如果 FDI 未得到很好的引导和管理也将给企业带来技术阻碍，使企业往高消耗高污染方向发展从而增加生产成本。科研机构和

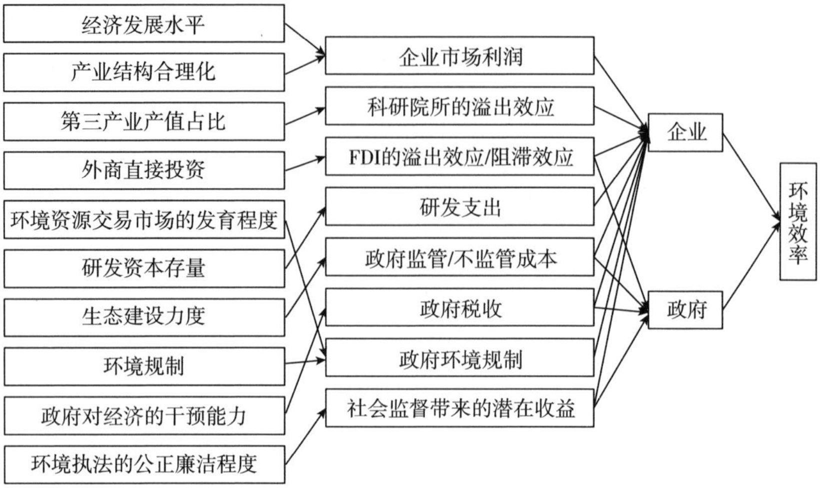

图 6.1　战略性新兴产业环境效率的影响指标

企业合作进行绿色技术创新属于本土技术引进，其带来的技术溢出效应也可以加快战略性新兴产业集聚以提高环境效率，从而增加收益。

研发支出：战略性新兴产业进行绿色创新生产就必定会增加企业的研发支出成本，进而影响企业生产的总利润。所以企业作为追求收益最大化的营利性组织，研发支出是企业生产决策的重要参考。

政府监管/不监管成本：政府作为国家整体效益的维护者，希望既有金山银山，又能有绿水青山。政府选择环境监管就要付出监管成本，如果选择对企业的传统行为置之不理就可能需要对环境进行补救。两种策略便成为影响政府决策的重要因素。

政府税收：税收是政府收入的最主要来源，只有一定的经济收益才能支撑起政府对社会经济发展的支持和引导。

政府环境规制：本书把政府的环境规制分为政府对企业绿色创新行为的补贴奖励和政府对企业不创新生产的罚款惩罚。由于企业绿色创新生产具有经济外部性，政府的支持是调动企业积极性的主要因素。同时政府作为社会整体效益的维护者，有责任对企业不创新生产浪费资源造成污染的行为进行监管并处以一定的罚款，这样不仅可以规范企业的生产行为，同时也能起到营造良好生态环境的作用。故本节使用政府对企业绿色创新行为的补贴奖励和政府对企业不创新生产的罚款惩罚间接作为政府环境规制。

社会监督带来的潜在收益：随着时代的发展，发展所追求的目标逐渐演化为经济增长、社会和谐、环境优美、科技进步、居民生活水平提高等，这也使得社会监督者的作用越来越大。社会监督者包括在社会环境中生存的每一位个体（社会公众）、以环境保护为目的的绿色环保组织、进行信息传递降低交易成本的中介组织、以舆论传播获益的新闻媒体等。社会监督者参与监督可以为企业和政府带来巨大的潜在收益或损失，所以也可以对企业和政府决策行为产生影响。

6.1.3 动力主体对战略性新兴产业环境效率提升的作用机理

6.1.3.1 政府对战略性新兴产业环境效率的作用机理

政府规制是战略性新兴产业环境效率提升的主要推力。没有政府的生态管制，资源节约和环境保护意识很难在企业的决策思维中占据重要地位。政府行为影响战略性新兴产业的环境效率主要体现在鼓励政策、强制约束政策以及对综合利益的追求方面。由于环境效率的经济负外部性，政府作为“看不见的手”担负起调节市场失灵的作用，税收优惠、财政补贴、土地优惠和研发投资补贴是政府对于开发商的主要经济补偿措施；政府对于科研院所同样会给予积极的教育经费补贴来鼓励其主动参与到企业绿色创新合作当中，从而加快企业的转型升级。当然政府通过制定行业标准和处罚性措施，同时健全配套的法律法规以保障实施，给企业决策以压力，引导企业进行绿色创新生产。社会、环境、经济等综合效益的最优化是政府最终的追求。

6.1.3.2 企业对战略性新兴产业环境效率的作用机理

企业为市场经济来源的生产者，企业的绿色创新是战略性新兴产业环境效率提升的基本动力。只有企业积极进行结构化绿色转型升级才能使得战略性新兴产业的环境效率大幅提升。通过上文影响因素分析可知，企业进行绿色创新促进环境效率提升的动因主要分为两类；一是企业的内部驱动力。企业是以营利为目的的组织，追求利润的最大化和自身目标的实现，所以企业为了迎合社会发展趋势，追求自身长远利益，会主动进行结构化绿色转型升级，当然在进行绿色创新之时，科研机构的参与合作会给企业绿色转型带来经济的溢出效应，并使得绿色成本大幅降低。二是外部推动力，即社会监督者（包括社会公众、新闻媒体、第三方组织等）监督的舆论作用和相关政府管理部门的约束和激励措施。

6.1.3.3　社会监督者对战略性新兴产业环境效率的作用机理

随着社会的发展进步，社会监督者的舆论监督力量对战略性新兴产业环境效率的提升作用越来越大。社会监督者通过对政府和企业进行监督产生舆论压力进而影响政府和企业行为决策。同时在社会监督压力下，政府作为社会公众利益的体现者，在维护社会文明和谐压力下会采取监管行为，企业利益的获取也离不开社会公众的支持从而会积极进行绿色转型升级，社会公众对良好环境的需求也能得到满足。

从上述分析可以看出，企业、政府和社会监督者的行为共同影响着战略性新兴产业的环境效率，三者对战略性新兴产业环境效率的作用机理如图6.2所示。

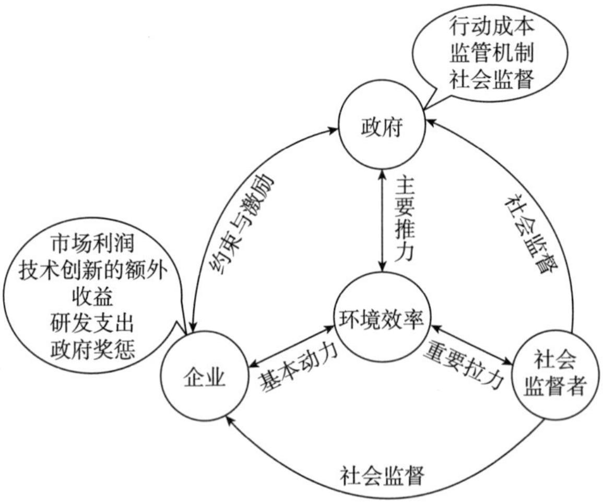

图6.2　动力主体对战略性新兴产业环境效率的作用机理

6.2　战略性新兴产业环境效率动力主体合作的演化博弈

战略性新兴产业环境效率提升实质上是各动力主体间合作的动态博弈过程。由于内部各个主体都具有有限理性，在进行创新博弈的过程中，它们往往会根据其他主体的策略和自身在集群中的适应性，不断调整自己的参与策略，以获取自身利益的改善。为研究方便，本书在考虑社会监督者的监督作用下将产业内的企业作为一类动力主体，将政府作为另一类动力主体，建立以战略性新兴产业企业和政府为主体的演化博弈模型，分析它们之间合作的动态演化过程。

6.2.1　模型的基本假设及建立

本节基于演化博弈的方法来分析企业和政府的利益冲突和最优选择，提出以下假设：

（1）在战略性新兴产业环境效率提升的过程中，企业可能会积极履行自己的社会责任，投入人力、物力和财力，引入创新技术进行绿色创新生产，保证环境效率提升；也可能会局限于短期利益而选择不创新生产，沿袭以前的生产技术生产，只考虑利益最大化而放任生态环境被破坏①，即企业的策略空间为｛绿色创新，不创新｝。政府部门很可能会制定信息政策，落实行政问责机制，对企业的生产行为进行严格监管；也可能出于管制实施难度大或管制成本高等原因从而选择不监管，即政府的策略空间为｛监管，不监管｝。社会监督者有自主选择是否参与监督的权利，选择监督的概率为 α（$0 \leqslant \alpha \leqslant 1$）。

（2）根据上述提升战略性新兴产业环境效率的影响指标，结合企业和政府在不同策略组合下的实际成本、收益和损失，设定相关参数及其含义如表 6.1 所示（张敬文等，2016②；张健等，2017③；罗兴鹏、张向前，2016④；曹霞、张路蓬，2017⑤）。

---

① 在政府环境监管下，FDI 会履行环保责任，所以在与企业合作时会给企业带来技术溢出效应；在政府不监管情况下，FDI 不会履行环保责任，那可能就会使东道国企业向高能耗、高污染的方向演化，在给企业带来技术溢出效应的同时也会产生技术阻滞效应。而科研院所参与企业的绿色创新生产只会带来技术溢出效应。

② 张敬文，李晓园，徐莉．战略性新兴产业集群协同创新发生机理及提升策略研究［J］．宏观经济研究，2016（11）：106－113.

③ 张健，张威，吴均．战略性新兴产业共性技术协同创新的演化博弈——三重螺旋视阈下的研究［J］．企业经济，2017，36（1）：41－48.

④ 罗兴鹏，张向前．福建省推进绿色转型建设生态文明的演化博弈分析［J］．华东经济管理，2016，30（9）：19－25.

⑤ 曹霞，张路蓬．金融支持对技术创新的直接影响及空间溢出效应——基于中国 2003～2013 年省际空间面板杜宾模型［J］．管理评论，2017，29（7）：36－45.

表 6.1　博弈主体参数的设定及含义

序号	参数	变量含义
1	Cg	政府进行环境监管所付出的成本（监管成本+生态建设成本）
2	T	政府税收
3	Cr	政府进行环境监管时对企业不创新生产收取的排污费（罚金）
4	Rr	政府进行环境监管时对企业绿色创新生产的奖金补贴
6	Ro	政府进行环境监管获得的社会潜在收益（如公信力提高等）
7	Co	政府不进行环境监管带来的名誉损失
8	Re	企业不创新生产的收益
9	Ce	企业不创新生产的成本
10	Cs	企业技术研发成本
11	Cn	企业不创新生产政府需要付出的环境补救成本
12	Rp	外商投资（FDI）的技术溢出效应
13	Cp	外商投资（FDI）的技术阻滞效应
14	Rl	科研院所参与企业绿色创新给企业带来的技术溢出效应
15	Rq	企业绿色创新生产获得的社会支持（包括潜在收益）
16	Cq	企业不创新生产在社会舆论监督下的损失
17	α	社会监督者选择监督的概率

（3）根据以上假设以及企业和政府双方策略的依存性，利用博弈得益矩阵建立企业和政府的演化模型如表 6.2 所示。

表 6.2　博弈策略组合及相应收益

<table>
<tr><td colspan="2" rowspan="2"></td><td colspan="2">政府</td></tr>
<tr><td>监管</td><td>不监管</td></tr>
<tr><td rowspan="2">企业</td><td>绿色创新</td><td>$Re-Ce+Rp+Rl-Cs+Rr+\alpha\times Rq$;
$T-Cg-Rr+\alpha\times Ro$</td><td>$Re-Ce+Rp+Rl-Cp-Cs+\alpha\times Rq$;
$T-\alpha\times Co$</td></tr>
<tr><td>不创新</td><td>$Re-Ce-Cr-\alpha\times Cq$;
$T-Cg+Cr+\alpha\times Ro-Cn$</td><td>$Re-Ce-\alpha\times Cq$;
$T-\alpha\times Co-Cn$</td></tr>
</table>

（4）假设在初始状态下，企业选择“绿色创新”生产策略的概率为 x，选择“不创新”策略的概率为 $1-x$；政府选择“生态监管”策略的概率为 y，选择“不监管”策略的概率为 $1-y$。其中，$0\leqslant x\leqslant 1$，$0\leqslant y\leqslant 1$。

6.2.2 复制动态方程分析

根据博弈双方的支付矩阵，企业实施绿色创新策略的期望效用为：

$$U_{c1}=y\times(R_e-C_e+R_p+R_l-C_s+R_r+\alpha\times R_q)+(1-y)\times(R_e-C_e+R_p+R_l-C_p-C_s+\alpha\times R_q) \tag{6.1}$$

企业不实施绿色创新策略的期望效用为：

$$U_{c2}=y\times(R_e-C_e-C_r-\alpha\times C_q)+(1-y)\times(R_e-C_e-\alpha\times C_q) \tag{6.2}$$

企业的平均期望效用为：

$$\overline{U}_c=x\times U_{c1}+(1-x)\times U_{c2} \tag{6.3}$$

因此可以得到企业策略的复制动态方程：

$$f(x)=\frac{\mathrm{d}(x)}{\mathrm{d}(t)}=x(1-x)[y\times(C_r+C_p+R_r)+\alpha\times(C_q+R_q)+R_p+R_l-C_s-C_p] \tag{6.4}$$

根据博弈双方的支付矩阵，政府选择生态监管策略的期望效用为：

$$U_{g1}=x\times(T-C_g-R_c+\alpha\times R_o)+(1-x)\times(T-C_g+C_r+\alpha\times R_o-C_n) \tag{6.5}$$

政府选择不监管策略的期望效用为：

$$U_{g2}=x\times(T-\alpha\times C_o)+(1-x)\times(T-\alpha\times C_o-C_n) \tag{6.6}$$

政府的平均期望效用为：

$$\overline{U}_g=x\times U_{g1}+(1-x)\times U_{g2} \tag{6.7}$$

可得到政府策略的复制动态方程：

$$f(y)=\frac{\mathrm{d}(y)}{\mathrm{d}(t)}=y(1-y)[-x\times(C_r+R_r)+\alpha\times(C_o+R_o)+C_r-C_g] \tag{6.8}$$

对式（6.4）企业的复制动态方程f（x）进行求导可得：

$$\frac{\mathrm{d}f(x)}{\mathrm{d}(x)}=(1-2x)[y\times(C_r+C_p+R_r)+\alpha\times(C_q+R_q)+R_p+R_l-C_s-C_p]$$

由复制动态方程即常微分方程的稳定性可知：x 作为稳定策略应满足$f(x)=0$，且 $\mathrm{d}f(x)/\mathrm{d}x<0$。

（Ⅰ）若 $y=\frac{C_s+C_p-\alpha\times(C_q+R_q)-R_p-R_l}{C_r+C_p+R_r}$，则有$f$（$x$）$=0$。在此条件下，企业的策略选择不因时间的改变而变化，企业选择任意概率提供绿色创新生

产都处于稳定状态。

（Ⅱ）若 $y \neq \frac{C_s + C_p - \alpha \times (C_q + R_q) - R_p - R_l}{C_r + C_p + R_r}$，此时令 $f(x)=0$，可以得到 $x=0$ 和 $x=1$ 两个平衡点。这时要分情况对平衡点进行讨论。①当 $R_p + R_l - C_s - C_p > 0$ 时，$\left.\frac{df(x)}{d(x)}\right|_{x=0} > 0$，$\left.\frac{df(x)}{d(x)}\right|_{x=1} < 0$，此时 $x=1$ 是演化稳定点，说明当无社会第三方监督影响下，若政府不监管时，企业进行绿色创新时获得的额外利润为正值，企业会果断选择绿色创新生产。②当 $R_p + R_l - C_s - C_p < 0$，分两种情况：当 $y \times (C_r + C_p + R_r) + \alpha \times (C_q + R_q) + R_p + R_l - C_s - C_p > 0$，即满足 $(1-y) \times C_p + y \times R_r + \alpha \times R_q + R_p + R_l - C_s > -(y \times C_r + \alpha \times C_q)$ 时，$\left.\frac{df(x)}{d(x)}\right|_{x=0} > 0$，$\left.\frac{df(x)}{d(x)}\right|_{x=1} < 0$，此时 $x=1$ 是演化稳定点；当 $y \times (C_r + C_p + R_r) + \alpha \times (C_q + R_q) + R_p + R_l - C_s - C_p < 0$，即满足 $(1-y) \times C_p + y \times R_r + \alpha \times R_q + R_p + R_l - C_s < -(y \times C_r + \alpha \times C_q)$ 时，$\left.\frac{df(x)}{d(x)}\right|_{x=0} < 0$，$\left.\frac{df(x)}{d(x)}\right|_{x=1} > 0$，此时 $x=1$ 是演化稳定点。这说明虽然当政府不监管时，企业进行绿色创新时获得的额外利润为负值，但企业进行绿色创新时获得的额外利润大于企业不进行创新生产时损失值的负值时，企业从利益最大化角度考虑还是会选择绿色创新；当企业进行绿色创新时获得的额外利润还小于企业不进行创新生产时损失值的负值时，企业会果断选择不创新生产。

对式（6.8）政府策略的复制动态方程 $f(y)$ 进行求导：

$$\frac{df(y)}{d(y)} = (1-2y)\left[-x \times (C_r + R_r) + \alpha \times (C_o + R_o) + C_r - C_g\right]$$

y 作为稳定策略应该满足 $f(y)=0$，且 $df(y)/d(y) < 0$。

（Ⅰ）若 $x = \frac{\alpha \times (C_o + R_o) + C_r - C_g}{C_r + R_r}$，则有 $f(y)=0$，在此条件下，政府的策略选择不因时间的改变而变化，政府选择任意概率进行生态监管都处于稳定状态。

（Ⅱ）若 $x \neq \frac{\alpha \times (C_o + R_o) + C_r - C_g}{C_r + R_r}$，此时令 $f(y)=0$，可以得到 $y=0$ 和 $y=1$ 两个平衡点。这时要分情况对平衡点进行讨论。①当 $\alpha \times (C_o + R_o) + C_r - C_g < 0$ 时，可变形为 $T + \alpha \times R_o + C_r - C_g - C_n < T - \alpha \times C_o - C_n$，得到 $\left.\frac{df(y)}{d(y)}\right|_{y=0} < 0$，

$\left.\frac{df(y)}{d(y)}\right|_{y=1} > 0$，此时 $y=0$ 是演化稳定点。这说明当企业非绿色创新生产，政府对其进行监管的成本小于不进行生态监管的成本时，政府会选择生态监管策略。②当 $\alpha \times (C_o + R_o) + C_r - C_g > 0$ 时，分两种情况：当 $\alpha \times (C_o + R_o) + C_r - C_g > x \times (C_r + R_r) > 0$，即 $T + \alpha \times R_o + (1-x) \times C_r - x \times R_r - C_g - C_n > T - \alpha \times C_o - C_n$ 时，$\left.\frac{df(y)}{d(y)}\right|_{y=0} > 0$，$\left.\frac{df(y)}{d(y)}\right|_{y=1} < 0$，此时 $y=1$ 是演化稳定点；当 $0 < \alpha \times (C_o + R_o) + C_r - C_g < x \times (C_r + R_r)$，即 $T + \alpha \times R_o + (1-x) \times C_r - x \times R_r - C_g - C_n < T - \alpha \times C_o - C_n$ 时，$\left.\frac{df(y)}{d(y)}\right|_{y=0} < 0$，$\left.\frac{df(y)}{d(y)}\right|_{y=1} > 0$，此时 $y=0$ 是演化稳定点。这说明当政府对企业行为进行生态监管时的期望收益大于不监管的期望收益时，政府会选择生态监管；当政府对企业行为进行生态监管时的期望收益小于不监管的期望收益时，出于监管成本过高考虑，政府会选择不进行生态监管。

6.2.3 演化稳定性分析

令式(6.4)中 $f(x) = dx/dt = 0$，式(6.8)中 $f(y) = dy/dt = 0$ 在平面 $M = \{(x, y) \mid 0 \leqslant x, y \leqslant 1\}$ 上存在博弈系统的 5 个局部平衡点：(0，0)、(1，0)、(0，1)、(1，1)和 $(x, y) = (C_r - C_g + C_o \times a + R_o \times a)/(C_r + R_r)$，$-(R_l - C_s - C_p + R_p + C_q \times a + R_q \times a)/(C_p + C_r + R_r)$。局部均衡点的稳定性分析可以通过分析系统的雅克比矩阵的局部稳定性得到。对 $f(x)$、$f(y)$ 分别关于 x、y 求偏导，有：

$$\begin{bmatrix} \frac{\partial f(x)}{\partial (x)} & \frac{\partial f(x)}{\partial (y)} \\ \frac{\partial f(y)}{\partial (x)} & \frac{\partial f(y)}{\partial (y)} \end{bmatrix} = \begin{bmatrix} \alpha_{11} & \alpha_{12} \\ \alpha_{21} & \alpha_{22} \end{bmatrix}$$

其中：

$$\alpha_{11} = -(x-1) \times (R_l - C_s - C_p + R_p + y \times (C_p + C_r + R_r) + \alpha \times (C_q + R_q)) - x \times (R_l - C_s - C_p + R_p + y \times (C_p + C_r + R_r) + \alpha \times (C_q + R_q));$$

$$\alpha_{12} = -x \times (x-1) \times (C_p + C_r + R_r);$$

$$\alpha_{21} = y \times (y-1) \times (C_r + R_r);$$

$$\alpha_{22} = (y-1) \times (C_g - C_r - a \times (C_o + R_o) + x \times (C_r + R_r)) + y \times (C_g - C_r - \alpha \times (C_o + R_o) + x \times (C_r + R_r))$$

如果雅克比矩阵的迹 $Tr(J)<0$，行列式 $Det(J)>0$，则复制动态方程的均衡点就是局部稳定点。因此，可以对上述5个平衡点进行分析，结论如表6.3所示。

表6.3　企业与政府演化博弈系统局部稳定性分析

均衡点	$Det(J)$	$Tr(J)$	稳定条件	结果
(0, 0)	+	−	$\alpha\times C_q<C_s+C_p-\alpha\times R_q-R_l-R_p$； $\alpha\times C_o<C_g-C_r-\alpha\times R_o$	ESS
(1, 0)	+	−	$\alpha\times C_q>C_s+C_p-\alpha\times R_q-R_l-R_p$； $\alpha\times C_o<C_g+R_r-\alpha\times R_o$	ESS
(0, 1)	+	−	$\alpha\times C_q+C_r<C_s+C_p-\alpha\times R_q-R_l-R_p-R_r$； $\alpha\times C_o>C_g-C_r-\alpha\times R_o$	ESS
(1, 1)	+	−	$\alpha\times C_q+C_r>C_s+C_p-\alpha\times R_q-R_l-R_p-R_r$； $\alpha\times C_o>C_g+R_r-\alpha\times R_o$	ESS
(x, y)	0	0		鞍点

由表6.3可以得到企业与政府双方策略选择的演化稳定相位图，如图6.3所示。当在无政府影响下企业选择绿色创新生产的损失值（额外成本与额外收益之差）大于社会监督者舆论监督下企业不创新生产的损失值，同时政府对企业不创新生产进行管制的成本大于社会监督者舆论监督下政府不进行管制的名誉受损值，两方博弈的最终稳定均衡状态为 $x=0$，$y=0$，即企业进行不创新生产，政府不进行监管。当在无政府影响下企业选择绿色创新生产的损失值（额外成本与额外收益之差）小于社会监督者舆论监督下企业不创新生产的损失值，同时政府对企业绿色生产进行管制的成本大于社会监督者舆论监督下政府不进行管制的名誉受损值，两方博弈的最终稳定均衡状态为 $x=1$，$y=0$，即企业进行绿色创新生产，政府不进行监管。当企业选择绿色创新生产的损失值（额外成本与额外收益之差）大于社会监督者舆论监督下企业不创新生产的损失值，同时政府对企业不创新生产进行管制的成本小于社会监督者舆论监督下政府不进行管制的名誉受损值，两方博弈的最终稳定均衡状态为 $x=0$，$y=1$，即企业不进行创新生产，政府进行监管。当企业选择绿色创新生产的损失值（额外成本与额外收益之差）小于社会监督者舆论监督下企业不创新生产的损失值，同时政府对企业绿色生产进行管制

的成本小于社会监督者舆论监督下政府不进行管制的名誉受损值，两方博弈的最终稳定均衡状态为 $x=1$，$y=1$，即企业进行绿色创新生产，政府进行监管。

综上所述，（绿色创新，环境监管）、（绿色创新，不监管）、（不创新，环境监管）和（不创新，不监管）都可能是系统的演变稳定策略。其中，状态（绿色创新，环境监管）是本章期望的最优均衡状态。为了有效规避其他情形，使系统向最优状态发展，下文将考虑在改变系统初始变量的情况下，通过 Matlab 软件数值模拟战略性新兴产业企业和政府行为之间的动态演变过程。

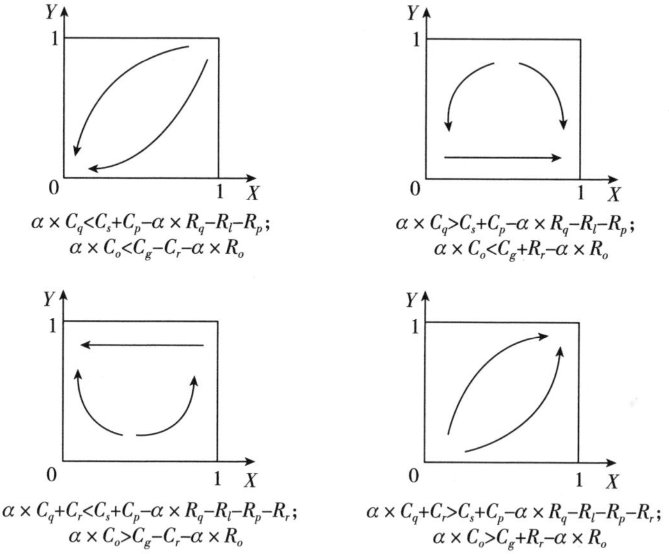

图 6.3　企业与政府策略选择演化稳定相位图

6.2.4　数值实验与模拟仿真

通过参考前人对此的相关研究（张敬文等，2016①；张健等，2017②；汪明月

---

① 张敬文，李晓园，徐莉．战略性新兴产业集群协同创新发生机理及提升策略研究[J]．宏观经济研究，2016(11)：106－113.

② 张健，张威，吴均．战略性新兴产业共性技术协同创新的演化博弈——三重螺旋视阈下的研究[J]．企业经济，2017，36(1)：41－48.

等，2018①），模型设定演化初始时间为0，演化时间为0~5年（最长5年），博弈模型中各参数的初始值设定如下：$R_e=10$，$C_e=4$，$R_p=4$，$R_l=2.5$，$C_s=3$，$R_r=2$，$R_q=3$，$C_q=2$，$T=20\%\times(10-4)=1.2$，$C_g=5$，$R_r=2$，$R_o=5$，$C_o=4$，$C_p=2.5$，$C_n=3$，$C_r=3$，$\alpha=0.6$，并且企业和政府策略初始比例为$X_0=Y_0=0.5$。此处重点考量政府补贴、罚金对战略性新兴企业和政府的影响，社会监督者选择参与监督对企业和政府的影响，FDI和科研机构的技术溢出效应对企业决策的影响，从而为促进企业和政府双方采取（绿色创新，环境监管）策略提供依据。

6.2.4.1 政府奖惩对企业行为的影响

仿真实验图6.4表示的是政府奖惩对企业行为的影响，其中纵轴是企业选择绿色创新生产策略的概率，横轴表示时间。实线部分表示当政府和企业保持初始概率状态（$X_0=Y_0=0.5$），其他参数保持不变时，企业进行绿色创新生产行为政府给予的补贴值Rr的相对变化对系统中企业选择策略的影响，R_r从0.5开始逐步递增，R_r每变化1个单位模拟一次。从图例中三条均衡线可以看出，随着补贴值R_r的增大，企业趋向绿色创新生产策略均衡的速度会越来越快，且时间越来越短。这说明提高政府补助额度，可以激发企业转型的积极性，引导企业倾向于选择绿色创新生产策略。这与曹霞、张路蓬（2017）②和徐建中等（2017）③等的研究一致，他们认为，政府的创新激励手段可以促进企业绿色技术创新行为。仿真实验图6.4虚线部分表示的是在其他条件不变的前提下，政府生态监管对企业传统生产行为收取的排污费C_r依次赋值为2、3、4时企业策略选择的均衡图。从图例中三条均衡线可以看出，随着惩罚值C_r的增大，企业趋向绿色创新生产策略均衡的速度也会越来越快，时间越来越短。但通过与增大企业绿色创新生产奖励值对比发现，相比于增大企业绿色创新生产奖励值，增大传统生产的惩罚值对企业绿色创新生产行为的促进效果更佳。

---

① 汪明月，肖灵机，万玲．基于演化博弈的战略性新兴产业技术异地协同共享激励机制研究[J]．管理工程学报，2018，32(3)：206-213.

② 曹霞，张路蓬．金融支持对技术创新的直接影响及空间溢出效应——基于中国2003~2013年省际空间面板杜宾模型［J］．管理评论，2017，29（7）：36-45.

③ 徐建中，贯君，朱晓亚．政府行为对制造企业绿色创新模式选择影响的演化博弈研究［J］．运筹与管理，2017，26（9）：68-77.

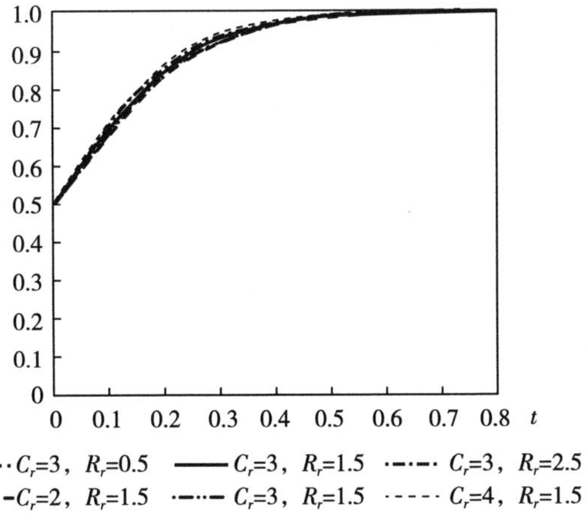

图 6.4　政府奖惩对企业行为的影响

6.2.4.2　政府奖惩对政府行为的影响

政府对企业行为的奖励与惩罚是属于政府环境监管行为的成本。仿真实验图6.5实线部分表示的是政府和企业保持初始概率状态（$X_0 = Y_0 = 0.5$），其他参数保持不变时，政府环境监管时给予企业绿色创新生产行为补贴值 R_r 的相对变化对系统中政府选择策略的影响。从图例中三条均衡线可以看出，R_r 从0.5开始逐步递增，此时政府的行为决策倾向于环境监管。随着 R_r 的上升（$R_r = 2.5$），政府选择环境监管的概率有趋于零的趋势。这源于政府实行监管的收益是 $T - C_g - R_r + \alpha \times R_o$，若其他参数保持不变，提高奖励额度，实质上降低了政府的利润，如果没有其他方面的收益提高来弥补监管的高成本，地方政府一般不愿自掏腰包，采取激励行为的积极性就不高，经过长期变化，政府监管的成本太高超出政府的承受能力（系统边界）终演变成不监管。仿真实验图6.5虚线部分表示的是其他条件保持不变，政府环境监管时对企业不创新生产行为收取的排污费 C_r 的相对变化对系统中政府选择策略的影响。政府向企业不创新生产收取排污费是作为政府的一种收益，可以抵销政府环境监管的成本，所以当 C_r（$C_r = 2$、$C_r = 3$、$C_r = 4$）逐渐增大时，政府的环境监管策略趋向于1的速度会越来越快。图中的三条虚线部分显示也的确如此。

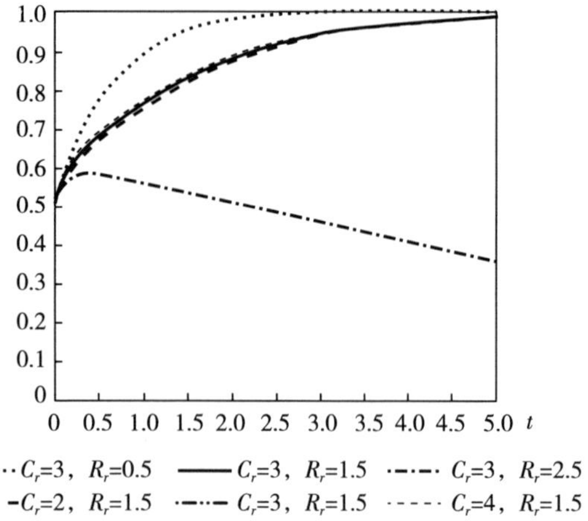

图 6.5　政府奖惩对政府行为的影响

6.2.4.3　社会第三方监督对企业和政府策略的影响

由于社会第三方本身就是身处社会环境中的集体，当企业和政府共同努力保护环境时，良好的社会环境将给其带来众多益处，所以社会第三方自身有较高的意愿选择参与生态监管，故本节 α 的取值从 0.6 开始。实验图 6.6、图 6.7 表示的是在其他条件不变的前提下，社会第三方选择监督概率发生改变时企业策略和政府策略的仿真结果。由图 6.6 可知，当社会第三方选择监督的概率逐步递增时，企业趋向于绿色创新生产的速度会越来越快，达到均衡状态的时间会越来越短。这主要得益于社会第三方舆论监督背后所产生的潜在收益和损失。当企业选择绿色创新生产时，社会第三方选择参与监督与反馈的概率越高，企业获得的潜在收益也越多，包括企业形象会更加受到消费者认可，国家财税、土地支持政策，银行贷款政策等会向绿色生产企业倾斜等，加上社会第三方选择参与监督与反馈对企业传统生产带来的损失作用也不容小觑，特别是在新闻媒体的参与报道下损失呈指数级增大。企业在权衡社会第三方的监督影响后，看到绿色创新生产的发展前景大好便会更加积极趋向绿色创新生产。由图 6.7 可知，社会第三方选择监督的概率仅为 0.6 时，政府选择生态监管的收益效用小于监管成本的情况下，选择生态监管的概率有向零趋近的趋势。而随着 α 的上升（$\alpha=0.8$、$\alpha=0.9$），政府选择生态监管的概率最后收敛于 1。这和上文社会监督对企业策略影响的分析一致，社会第三方参与政府行为监督的舆论压力会给政府带来潜在收益或损失。

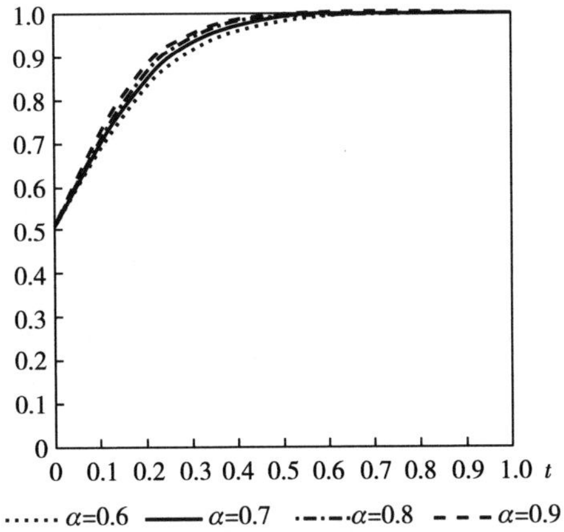

图 6.6　第三方监督对企业行为的影响

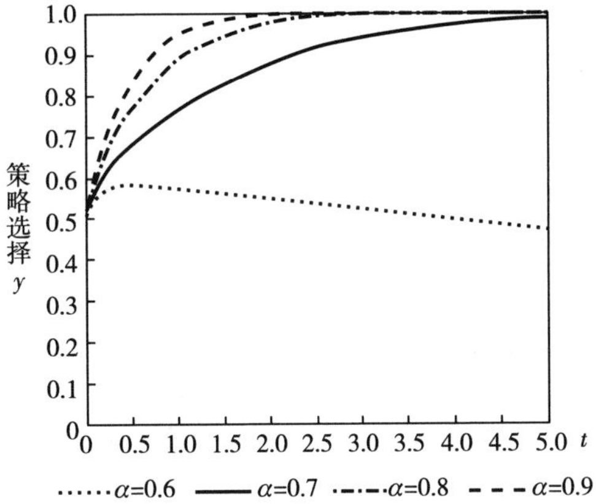

图 6.7　第三方监督对政府行为的影响

6.2.4.4　FDI/科研机构参与的技术溢出效应对企业策略的影响

外商直接投资（FDI）和科研机构对于企业绿色创新来说是技术引进的两种不同手段。FDI 所代表的国际企业拥有高新技术和完善的环境保护技术，所以通过技术溢出效应 FDI 可以给东道国的企业带来技术进步以及引入环境保护技术，但如果 FDI 未得到很好的引导和管理也将给企业带来技术阻碍，使企业往高消耗、高污染方向发展。所以 FDI 对于企业绿色转型有利有弊。科研机构和企业合作进行绿色技术创新属于本土技术引进，其带来的技术溢出效应可以加快战略性新兴产业集聚以提高环境效率。仿真实验图 6.8、图 6.9 分别表示的就是在其他条件保持不变时，FDI 和科研机构参与企业绿色创新的技术溢出效应对企业策略的影响。从图 6. 8 可以看出，科研机构参与企业绿色创新生产带来的技术溢出效应越大，企业预期绿色创新生产收益会得到大幅提升时，趋向于绿色创新生产的速度会越来越快。图 6. 9 实线部分显示，FDI 给企业带来的技术溢出效应同样可以给企业绿色创新生产策略产生正向影响。但虚线部分也反映出 FDI 的技术阻碍作用会使企业趋于绿色创新生产的时间加长。所以 FDI 作为一把“双刃剑”，需要在政府的监管下履行环境保护责任才会对我国企业绿色创新转型带来最优的效果。

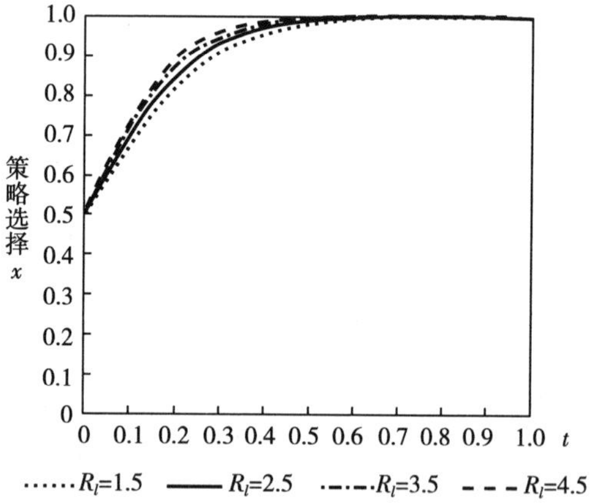

图 6. 8　科研机构对企业的影响

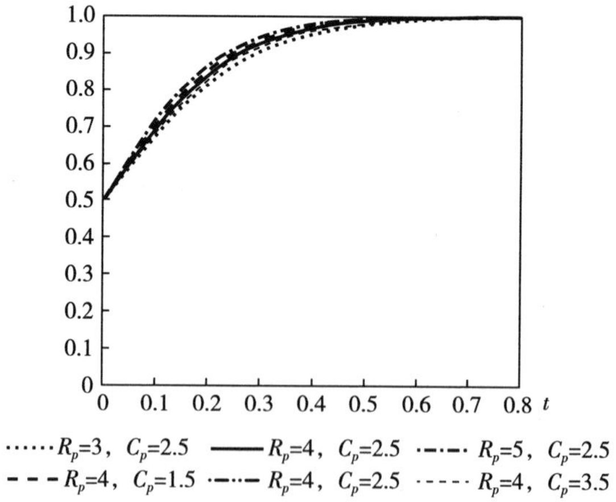

图 6. 9　FDI 对企业的影响

6.3 本章小结

本章主要从三个部分对战略性新兴产业环境效率动力主体的合作机制进行分析。

第一部分是战略性新兴产业环境效率动力主体关系分析。首先通过文献分析将战略性新兴产业环境效率动力主体界定为企业、政府和社会监督者。其次对第4章实证分析的十大影响因素从收益和成本角度归因到影响企业、政府和社会监督者动力主体行为决策的8个影响指标。最后分析动力主体对战略性新兴产业环境效率提升的作用机理。政府规制是战略性新兴产业环境效率提升的主要推力；战略性新兴产业环境效率提升的基本动力来源于企业的绿色创新；社会监督者的舆论监督是环境效率提升的重要拉力。第二部分是战略性新兴产业环境效率动力主体合作的演化博弈分析。本章通过演化博弈分析发现，战略性新兴产业环境效率系统中的政府、企业都不是独立的决策主体，其行为策略往往依赖于另一方的行为决策，且社会监督作用也会对政府和企业的行为策略产生影响，且（创新，监管）、（创新，不监管）、（不创新，监管）和（不创新，不监管）都可能是系统的均衡策略，当影响参数值发生变化时，系统的均衡状态也将发生变化。为直观展示相关参数变动对整个系统中战略性新兴产业环境效率提升的影响。第三部分通过Matlab工具对（创新，监管）均衡状态进行数值模拟仿真。模拟仿真结果表明：①增加社会监督者参与监督的概率，政府对企业行为的奖励或惩罚将会加大，同时FDI和科研院所带来的技术溢出效应增大可以给企业绿色创新行为产生正向影响；在政府不监管的情况下，FDI给企业绿色创新带来的技术阻滞效应会减缓企业趋于绿色创新均衡状态的速度。②社会监督者监督给企业行为带来的潜在收益和损失是政府行为决策的重要影响因素，同时政府出于监管成本的考虑会倾向于选择加大对企业不创新行为的惩罚，从而起到对环境的规制作用。

通过以上分析，总结出今后在战略性新兴产业发展实践中，要从以下四方面加以改进以提升环境效率：①政府加大环境规制力度，包括加强对绿色企业和社会公众的绿色行为的宣传，完善对企业行为的奖惩和监管机制等。②社会监督者要积极参与对政府和企业行为的监督，通过舆论监督作用促使其行为趋于良好。③企业合理引进外商投资，利用其技术溢出效应进行技术改革；同时要提升自主创新能力，规避技术引进带来的阻滞作用。④健全政府、企业和社会监督者的合作治理机制。政府、企业和社会监督者的良性互动才能有效提升战略性新兴产业环境效率。

7 提升战略性新兴产业环境效率的实践：以江西省为例

在对战略性新兴产业的发展以及战略性新兴产业环境效率测度进行研究的基础上，本章主要以江西省为例，对江西战略性新兴产业环境效率的实践路径与保障措施进行研究，为我国战略性新兴产业环境效率的提升提供经验借鉴。

7.1 江西省战略性新兴产业的发展现状

7.1.1 江西省战略性新兴产业发展的SWOT分析

7.1.1.1 优势分析（Strength）

（1）资源优势。从资源优势看，江西省矿产资源和生产要素资源十分丰富，特别是拥有大量支撑战略性新兴产业发展的稀缺矿产资源，几乎每个战略性新兴产业在江西都可以找到基础资源和原材料的支持。钽、铷、铀、钍的储量居全国首位，铜、钨、银、锂、锆、铯和碲的储量居全国第二位。铋、金、铌、铊、钪等的储量是全国第三。赣州享有“世界钨都”和“稀土王国”的美誉（特别是龙南的重稀土，富含镝、铽、钇等）。锂矿是江西在世界上具有垄断优势的矿产，锂矿资源占全国的24%，占世界的12%。

（2）环境优势。从环境优势看，生态环境是江西最大的优势，优良的生态环境既能满足战略性新兴产业低碳化、生态化的最基本要求，还为战略性新兴产业的发展提供了更广阔的发展空间，有助于江西将生态环境优势转化为产业优势。目前，江西全省森林覆盖率为63.1%，居全国第二位；监测断面水质高于全国平均水平30%以上，有80.5%达标率；11个区的城市环境空气质量达到国家二级标准，江西的生态环境指数连续三年位居全国第三。

（3）平台支撑优势。目前，江西省有94个省级以上工业园区，其中国家级开发区9个，主营业务收入超过100亿元，还有20个省级生态工业园区和22个试点级生态工业园区。2010年江西全省工业园区主营业务收入983.27亿元，同比增长43%；工业增加值2309.9亿元，增长21.6%；上缴税金380.1亿元，增长38.1%[①]。快速发展的工业园区已成为全省承接产业转移的前沿，是吸引国内外投资的主要平台，也是江西新型工业化的主战场，更成为促进战略性新兴产业发展的重要平台。

（4）低成本与市场需求优势。一方面，江西具备商务成本较低的显著优势，全省劳动力资源丰富，且教育水平高[②]。这有利于江西承接国内外新兴产业的转移，促进产业升级，为投资企业家提供了广阔的舞台。另一方面，江西发展的战略性新兴产业具有广阔的市场前景，巨大的市场需求将为江西战略性新兴产业的发展提供内生动力和发展空间。

7.1.1.2　劣势分析（Weakness）

（1）整个行业规模小，参与竞争和分工的能力依然不足。当前江西省战略性新兴产业发展虽然迈入了快速通道，但距离东部沿海发达地区差距仍然很大，关键在于江西的战略性新兴产业受限于产业集群和发展基础，在技术水平、产业梯度等方面存在不足，产值收入与东部江苏、浙江等发达省份相比还有很大成长空间，同时江西的战略性新兴产业涵盖较广，统计的口径较大，关键核心产业的产值占GDP的比重仍然较低。

（2）行业水平普遍较低，产业链的高端性和完整性需要进一步提升。目前，江西战略性新兴产业大多有“产业存在但处于供应链低端”等问题[③]，很多产业

① 王欢芳，李密．促进战略性新兴产业集群协同发展［J］．宏观经济管理，2016（7）：65－67.

② 王新新．战略性新兴产业发展规律及发展对策分析研究［J］．科学管理研究，2011，29（4）：1－5.

③ 张敬文，李晓园，徐莉．战略性新兴产业集群协同创新发生机理及提升策略研究［J］．宏观经济研究，2016（11）：106－113.

并没有掌握核心关键技术，在生产环节上并没有处在研发和制造的上游关键环节，众多配套的技术、设备依靠进口，部分产业是沿海发达地区转移的产业，在价值增值方面贡献较低，对国民经济发展和技术进步的推动作用较弱。例如，虽然新金属材料产业是江西具有较好资源优势和特色优势的战略性新兴产业，但目前江西生产的大多数新型金属材料仍处于中低端水平，缺乏先进的工艺和技术来实现新材料的加工生产。

（3）龙头企业薄弱，产业布局不合理。江西战略性新兴产业与国内发达省份相比，仍存在上市公司、优质大型国企不足的问题，特别是严重缺乏在国内外具有较大影响力、较强研发能力和技术实力的大企业。例如，半导体照明、电子信息、非金属新材料和绿色食品等产业实力薄弱不具影响力。还有当前江西战略性新兴产业的龙头企业分布较为分散，缺乏具有完备产业集群的园区支持。

（4）自主创新能力不强，需要加大对科技和人才的支持力度。总体而言，江西省传统产业仍然占据主导地位。即便是在战略性新兴产业领域中，也是传统产业的产品占据一定市场份额。同时江西科技研发投入不足，虽然大学众多，但仍没有一所985高校，仅有南昌大学一所211院校，重点学科博士点、博士后流动站数量也远低于东部省份，高新技术产业发展相对滞后，战略性新兴产业产值占比较低，对产业发展的支撑力不足。

（5）战略性新兴产业一般都是兼具高科技与高风险特点的产业，其最大的风险可能是技术风险，而最大的驱动力是科技创新，这形成了一对突出矛盾。从产业技术创新的普遍性来看，战略性新兴产业在起步阶段同时存在创新活跃和技术不成熟的特点。在技术水平上领先的产业化路线不一定最终在经济性上取得优势，形成主流的技术路线和产品需要经过市场的长期筛选，需要进行多方面的尝试，这对研究能力和投入能力要求都比较高。从江西省产业技术创新的实际情况来看，一方面，全省十大战略性新兴产业核心技术掌握不足，关键技术自给率低，大部分技术依靠国外、省外；另一方面，江西自主创新能力有限、试验设计能力欠缺、技术创新体系不完善，这些都决定了江西省战略性新兴产业发展将长期受到技术瓶颈制约。

7.1.1.3　机遇分析（Opportunity）

（1）后金融危机时代，全球产业梯度转移不断加速。后金融危机时期，全球生产要素流动和国际产业转移速度加快，国际产业转移进入新阶段。全球产业实现由原材料工业向加工工业、传统工业向新兴工业、制造业向服务业三个方向转移，西方跨国公司也逐步将研发环节转移到中国沿海地区。国内沿海等发达地区劳动密集型产业和高耗能产业受劳动力价格上升、地价上升及环境承载能力限制，即受生产要素、环境容量等因素影响，呈加快转移趋势。

（2）新一轮技术和产业革命进程进一步加快。“后危机”时代背景下，全球将进入科技创新密集时代和绿色发展时代。当前世界各国都在大力开发新技术，将技术作为最核心的生产力，大力推动具有绿色属性的生产和技术研发，不断将绿色低碳技术作为开发的重点，牢牢占领今后世界经济发展的新高地。

（3）国家重大战略建设全面推进的机遇。2018 年江西省 GDP 增长 8.7%，规模以上工业增加值增长 8.8%，财政总收入增长 10%，一般公共预算收入增长 5.5%，固定资产投资增长 11%，主要经济指标增幅继续位居全国“第一方阵”。2019 年的政府工作报告中，也提出 2019 年江西 GDP 增速在 8% ~8.5%，但财政收入增长下调了 5%①。与此同时，江西省金融业保持了持续稳定增长，全省金融机构本外币各项贷款余额迈上 3 万亿元台阶，本外币各项存款余额突破 3.5 万亿元，社会融资规模首次突破 5000 亿元。全省金融机构贷款同比增长 18%，增速在全国排名第 2 位、在中部六省中排第 1 位；存款同比增长 8.5%，增速在全国排名第 6 位、在中部六省中排第 2 位。全省累计发行债务融资工具 855.7 亿元，同比增长 205%，增速位列全国第一。可以说，江西正面临着很多难得的发展“窗口期”和快速增长的机遇期。目前全省重点围绕产业链布局创新链，着力推动航空、新型光电、生物医药、新能源、稀土、有色金属等有技术优势、资源优势的传统产业焕发新活力、形成新优势，重塑“江西制造”辉煌，同时深入实施战略性新兴产业倍增计划，大力发展物联网、人工智能等新兴产业，促进新产业体系加快构建，对推动江西战略性新兴产业发展具有重大意义。

7.1.1.4　挑战分析（Threat）

（1）做大经济总量与加快转变经济发展方式的“双重压力”。目前江西经济发展方式仍较为粗放，长期以来一直处于高投资低消费的经济增长模式下，而且江西目前科技创新投入严重不足，科技创新能力、技术研发能力和生产体系建设

① 王忠宏，石光．发展战略性新兴产业　推进产业结构调整［J］．中国发展观察，2010（1）：12－14.

等方面相对较弱，优质高端劳动力相对缺乏，高科技人才引入不足，本土优质人才不断流出，使得经济发展方式很难从当前相对低层级的阶段发展到集约化、融合化的高层级阶段。2016 年，全省 R&D 费用支出占 GDP 的比例比全国平均水平低 0.75%，同时比中部省份湖北低 0.64 个百分点，比安徽低 0.46 个百分点；全省发明专利申请数占比也低于全国平均水平 32%①。

（2）经济发展成本面临全面上升的压力。近年来，江西各种生产要素价格一直呈上涨态势。2016 年，全省原材料、燃料、动力购进价格同比上升超过 10%，能源消耗总量迅速扩大，形成了资源要素紧缺且环境压力加大的局面，制约了经济发展，尤其是工业经济的健康快速发展。同时，江西在能源的消费和使用上较为单一，主要以煤炭为主，天然气多来自省外输入，这直接导致我国推行节能降耗难度加大，同时也对我国资源环境的承载能力提出了更高的要求。

（3）产业市场推广机制欠缺，市场瓶颈制约将长时间存在。战略性新兴产业很多依然处于发展的上升期和市场的培育期，供应链的建设依然有待时间，尤其是江西处于我国中部地区，市场的规模和体量有限，产业的规模效应还未完全凸显，产品的生产和制造成本相对偏高，在市场进入等方面还有一定的困难，因此战略性新兴产业的发展在市场机制方面还有很多需要做的工作，未来在政策指引、机制配套、市场构建、资金调配等方面还要不断加大建设力度，只有将机制理顺、体制完善才能更加有效地释放市场的活力，提升产业的贡献。

7.1.2 江西省战略性新兴产业发展愿景

牢牢把握世界科技革命和国家大力扶持战略性新兴产业的历史机遇，紧紧围绕建设富裕和谐秀美江西的奋斗目标，深入贯彻落实科学发展观，以鄱阳湖生态经济区建设为龙头，以重大项目、产业园区和产业基地为载体，以科技为先导、市场为引领，重点突破一批关键技术、发展一批重点产品、培育一批龙头企业，加速战略性新兴产业特色化、规模化、集聚化发展，将金属新材料、光伏、绿色食品、生物和新医药打造成为四大支柱产业，培育非金属新材料、新能源汽车及动力电池、半导体照明、航空制造四大先导产业，积极发展文化及创意、新一代

① 巫强，刘蓓．政府研发补贴方式对战略性新兴产业创新的影响机制研究［J］．产业经济研究，2014（6）：41－49.

信息技术、节能技术、风能核能四大潜力产业，力争在战略性新兴产业重点突破领域形成较强区域竞争力，部分领域达到国内领先水平，个别方面进入世界先进行列，使战略性新兴产业成为江西进一步推动科学发展、进位赶超、绿色崛起的主导力量，为实现江西与全国同步进入全面小康社会目标打下决定性基础。

7.1.3 江西省战略性新兴产业发展目标

到2015年，江西省战略性新兴产业增加值达到3200亿元以上，占生产总值的18%。基本构建特色突出的战略性新兴产业体系，迅速壮大战略性新兴产业规模，形成金属新材料、光伏、绿色食品、生物和新医药、非金属新材料、新能源汽车及动力电池、半导体照明七大主营业务收入过千亿元的战略性新兴产业。其中，金属新材料产业达6000亿元级规模，光伏产业超3000亿元级规模，绿色食品和生物及新医药均形成2000亿元级规模①。开发一批拥有自主知识产权的新产品，打造一批掌握关键核心技术、市场需求前景好、带动系数大、综合效益好的新兴产业链，培育一批具有国际市场开拓能力的创新型龙头骨干企业，建成一批专业化的国家级或省级战略性新兴产业基地。

到2020年，全省战略性新兴产业增加值占地区生产总值的比重力争达到25%，战略性新兴产业成为引领全省经济社会发展的主导力量。其中，金属新材料、光伏、绿色食品、生物和新医药产业成长为全省国民经济的支柱产业，非金属新材料、新能源汽车及动力电池、半导体照明、航空制造成长为全省国民经济的先导产业②。企业自主创新能力大幅提升，科技开发及成果转化能力显著提高，科技创新整体水平居国内中上游水平，培植一批具有国际影响力的大企业和极具产业竞争力的中小企业，成为我国战略性新兴产业创新和生产的重要基地。

---

① 王新新．战略性新兴产业发展规律及发展对策分析研究［J］．科学管理研究，2011，29（4）：1－5.

② 吴绍波．战略性新兴产业创新生态系统协同创新的治理机制研究［J］．中国科技论坛，2013（10）：5－9.

7.2 江西省战略性新兴产业环境效率的现状

7.2.1 模型设计

7.2.1.1 环境技术函数

通常将企业生产过程中正常产出的产品称为期望产出，排放的废水、废气等污染物称为非期望产出。在环境技术效率（ETE）分析框架中，由于考虑环境因素，因此首先要构建一个既包含环境污染又包含正常产出的函数，即生产可能性集的环境技术（The Environmental Technology）函数①。

本章构造了一个既包含期望产出，又包含非期望产出的生产可能性集。即假设每一个决策单元使用 N 种投入 $x=(x_1, x_2, \cdots, x_N) \in R_N^+$，生产出 M 种期望产出 $y=(y_1, y_2, \cdots, y_M) \in R_M^+$，以及排放 I 种非期望产出 $b=(b_1, b_2, \cdots, b_I) \in R_I^+$；在每一时期 $t=1, \cdots, T$，第 $k=1, \cdots, K$ 个行业的投入和产出值为 $(x^{k,t}, y^{k,t}, b^{k,t})$。用 $P(x)$ 表示生产可能性集合：

$$P(x) = \{(y, b): x \text{能生产} (y, b)\}, x \in R_N^+ \tag{7.1}$$

生产可能性集 $P(x)$ 满足以下假设：

（1）闭集和凸集；

（2）投入与“好”产出可自由处理性：如果 $(y, b) \in P(x)$ 且 $y' \leqslant y$ 或 $x' \geqslant x$，那么 $(y', b) \in P(x)$，$P(x) \subseteq P(x')$；

（3）联合弱可处置性：如果 $(y, b) \in P(x)$ 且 $0 \leqslant \theta \leqslant 1$，那么 $(\theta y, \theta b) \in P(x)$；

（4）零结合性：如果 $(y, b) \in P(x)$ 且 $b=0$，那么 $y=0$。

7.2.1.2 SBM 方向性距离函数

为了达到扩大期望产出、减少非期望产出的目的，并且避免传统 DEA 模型

---

① 王群伟，周德群，陈洪涛．技术进步与能源效率——基于 ARDL 方法的分析［J］．数理统计与管理，2009，28（5）：913－920.

径向和角度的选择差异带来的偏差，本章沿用 Tone（2003）定义的考虑环境资源下的 SBM 方向性距离函数：

$$D_0^t(x^{t,k'},y^{t,k'},b^{t,k'},g^x,g^y,g^b) = \max_{s^x,s^y,s^b} \frac{\frac{1}{N}\sum_{n=1}^{N}\frac{s_n^x}{g_n^x}+\frac{1}{M+1}\left(\sum_{m=1}^{M}\frac{s_m^y}{g_m^y}+\sum_{i=1}^{I}\frac{s_i^b}{g_i^b}\right)}{2}$$

$$\text{s. t.}\begin{cases}\sum_{k=1}^{K} z_k^t x_{kn}^t + s_n^x = x_{k'n}^t, \forall n; \\ \sum_{k=1}^{K} z_k^t y_{\mathrm{km}}^t + s_m^y = y_{k'm}^t, \forall m; \\ \sum_{k=1}^{K} z_k^t b_{ki}^t + s_i^b = b_{k'i}^t, \forall i; \\ \sum_{k=1}^{K} z_k^t = 1, z_k^t \geqslant 0, \forall k; \\ s_n^x \geqslant 0, \forall n; s_m^y \geqslant 0, \forall m; s_i^b \geqslant 0, \forall i\end{cases} \tag{7.2}$$

其中，（$x^{t,k'}$，$y^{t,k'}$，$b^{t,k'}$）是行业 k' 的投入与产出向量，（g^x，g^y，g^b）代表好产出扩张、坏产出和投入压缩的取值为正的方向向量，（s_n^x，s_m^y，s_i^b）代表投入与产出松弛的向量。给定投入组合后，设定的权数为方向性向量，同时寻找“好”产出（y）的最大化以及“坏”产出（b）的最小化。

为了更准确地衡量经济可持续增长，将资源环境等非传统生产要素都纳入生产率分析框架中，借鉴 Tone（2001、2003）、Choi 等（2012），构建考虑包含非期望产出的 SBM－DEA 模型①。SBM 模型不仅能同时考虑投入和产出两个方面，而且有效解决了投入过度及产出不足的松弛问题②，SBM 模型通过最大化各项投入（产出）改进的平均程度测量被评价单元的无效率程度，相比方向性距离函数，DEA 模型更加精确，其线性规划模型如式（7.3）所示。

$$\rho^* = \min \frac{1-\frac{1}{M}\sum_{m=1}^{M}\frac{s_{m0}^x}{x_{m0}}}{1+\frac{1}{s_1+s_2}\left(\sum_{r_1=1}^{s_1}\frac{s_{r_10}^g}{y_{r_10}^g}+\sum_{r_2=1}^{s_2}\frac{s_{r_10}^b}{b_{r_20}^b}\right)}$$

① 徐晔．中国制造业环境技术效率的测度及其影响因素研究［J］．东岳论丛，2012（11）：128－135.

② 张炼．我国战略性新兴产业环境技术效率的动力机制研究［D］．江西财经大学，2014.

$$
\text{s. t.}\begin{bmatrix}
\sum_{n=1}^{N} z_n x_{mn} = x_{m0} + s_{m0}^{x} \\
\sum_{n=1}^{N} z_n y_{r_1 n} = y_{r_1 0} - s_{r_1 0}^{g} \\
\sum_{n=1}^{N} z_n b_{r_2 n} = b_{r_2 0} + s_{r_2 0}^{b} \\
s_{m0}^{x} \geqslant 0, s_{r_1}^{g} \geqslant 0, s_{r_2}^{b} \geqslant 0, z_n \geqslant 0 \\
s_{m0}^{x} s_{r_1 0}^{g} s_{r_2 0}^{b}
\end{bmatrix} \tag{7.3}
$$

其中，s_{m0}^{x}表示投入的松弛量（可能性的减少量）；$s_{r_1 0}^{g}$表示期望产出的松弛量（可能的增加量）；$s_{r_2 0}^{b}$表示非期望产出的松弛变量（可能的减少量）；下标 0 表示估计模型中的决策单元；z_n 为线性规划中的非负乘数矢量。

模型（7.3）是考虑非期望产出的 SBM 模型，并且可以使用线性变换模型来计算。如果$\rho^* = 1$（它表示所有松弛变量为 0），则该 DMU 考虑非期望产出条件下是有效的。

7.2.2 相关指标的选取与数据处理

假定生产过程中存在三种投入变量：资本投入、劳动力投入、技术投入；七种产出变量，其中期望产出有：产业增长、技术增长，非期望产出有：烟尘排放量、废水排放量、COD 排放量、SO_2 排放量、CO_2 排放量。

（1）投入变量。资本投入采用年固定资产投资额进行度量，将固定资产投资额折算成以 2003 年为基期的价格指数，根据吴延瑞（2008）研究中采用的使用各个省份的折旧率对其进行折算，单位是亿元；国外的文献一般采用人均劳动时间度量劳动投入，但是因为国内的年鉴没有对我国各产业的人均劳动时间进行统计，目前获取该数据比较困难，所以仍然采用年平均从业人数进行度量，为了方便计算，单位统一为万人；为了体现战略性新兴产业知识和技术密集性的特点，增加了技术投入作为投入变量，技术投入可以从多方面体现，现有的文献一般采用 R&D 经费内部支出进行度量，通过 GDP 折算指数折算成以 2003 年为基期的不变价格，单位是亿元。

（2）期望产出变量。选取战略性新兴产业各产业总产值和拥有发明专利数度量期望产出，同样地，以历年生产总值指数为折算系数，将其折算成以 2003

年为基期的不变价格，单位是亿元；综合多方面考虑，采用拥有发明专利数作为度量技术增长的指标，数据无须进行调整，单位是项。

（3）非期望产出变量。现有文献中关于非期望产出的选取标准各不相同，归结起来，一般是选取固体废物排放量、烟尘排放量、粉尘排放量、废水排放量和空气中的废气排放量这些指标。五种污染物又包括很多具体的污染物，基于数据的可得性，本章选取烟尘排放量、废水排放量、废水中的 COD 排放量、SO_2 排放量和 CO_2 排放量为非期望产出变量。

烟尘排放量包括燃料的灰尘颗粒物、未燃尽颗粒、可见其他颗粒物质等，为空气中的固体颗粒，单位是吨。

废水排放量是指企业提取的各种水经使用后，排放到企业生产经营活动范围以外的废水量，包括经净化处理达到环保排放标准的废水、未经净化处理的废水和虽经净化处理但未达到环保排放标准的废水。废水排放量的单位为万吨。

COD（Chemical Oxygen Demand）即化学需氧量，表示在强酸性条件下重铬酸钾氧化一升污水中有机物所需的氧量，可大致表示污水中的有机物量。COD 是水体有机污染的一项重要指标，能够反映出水体的污染程度。其计算公式为：C（COD 的浓度）×V（污水排放量）×全年工作时间（小时）×1000000 = COD，单位是吨/年。

二氧化硫是空气中废气的主要成分，是工业生产中废气污染的主要产物，容易形成酸雨危害大自然，威胁人们生命财产安全。二氧化硫的计算公式如下：

SO_2 排放量（千克）= Y（毫克/立方米）× 废气排放体积（立方米）× 1/1000000

CO_2 是温室效应的罪魁祸首，CO_2 排放量在目前没有一个统一的计算公式，本书采用标准煤中含碳量转化的方式，其计算公式为 CO_2 排放量 = 能源消费 × 0.68 × 3.67，单位是万吨。其中，含碳能源一般是指煤炭、石油和天然气等在消费过程中会释放出 CO_2 的能源，本书中含碳能源消费量选自各省市统计年鉴中分行业能源消费总量（以标准煤计算）。CO_2 气化系数指碳完全氧化成为二氧化碳之后与之前的质量之比，是一个标准量 3.67；CO_2 气化系数采用国家发改委能源研究所制定的系数 0.68。

以上各项变量指标和指标说明如表 7.1 所示。

表 7.1 环境技术效率测量投入产出变量列表

	变量	指标	指标说明
投入	资本投入	固定资产投资额	以固定资产投资价格指数为折算系数，折算成以 2003 年为基期的不变价格指数
	劳动力投入	从业人数	采用年平均从业人数，无须调整
	技术投入	R&D 经费	采用 R&D 经费内部支出，以 GDP 折算指数折算成以 2003 年为基期的不变价格
期望产出	产业增长	总产值	以历年生产总值指数为折算系数，折算成以 2003 年为基期的不变价格
	技术增长	拥有发明专利数	无须调整
非期望产出	环境污染	烟尘排放量	指在生产工艺过程中排放的颗粒物重量
		废水排放量	废水排放企业有计量装置的，按计量装置计量数据计算排放量；没有计量装置的，依据有关管理部门规定的计算方法计算排放量
		COD 排放量	废水中的 COD 是我国环境管制的主要监控指标
		SO_2 排放量	废气中的 SO_2 是我国环境管制的主要监控指标
		CO_2 排放量	目前没有直接的数据，可通过相关方法计算而得

依据上文中投入与产出变量的选取情况，运用战略性新兴产业中七大产业在 2005～2014 年的投入与产出的相关数据，本章利用上文中所述的线性规划，在可变规模报酬以及非期望产出弱可处置性的情况下，对战略性新兴产业中七大产业 2005～2014 年的环境技术效率进行测算，得到各产业 2005～2014 年的环境技术效率的测算结果如表 7.2 所示。

表 7.2 2005～2014 年战略性新兴产业各产业环境技术效率

产业＼年份	2005	2006	2007	2008	2009	2010	2011	2012	2013	2014	均值
节能环保	0.68	0.66	0.66	0.63	0.64	0.63	0.61	0.52	0.58	0.65	0.63
新一代信息技术	0.62	0.53	0.61	0.43	0.57	0.52	0.52	0.61	0.66	0.60	0.57
生物医药	0.51	0.51	0.52	0.49	0.50	0.44	0.66	0.64	0.61	0.63	0.55
高端装备制造	0.52	0.65	0.54	0.68	0.63	0.63	0.70	0.75	0.76	0.76	0.66
新能源	0.77	0.76	0.75	0.73	0.72	0.69	0.73	0.71	0.69	0.72	0.73

续表

产业 \ 年份	2005	2006	2007	2008	2009	2010	2011	2012	2013	2014	均值
新材料	0.69	0.70	0.63	0.61	0.63	0.58	0.42	0.51	0.52	0.56	0.59
新能源汽车	0.69	0.65	0.71	0.64	0.61	0.67	0.70	0.69	0.72	0.71	0.68
均值	0.64	0.64	0.63	0.60	0.62	0.60	0.62	0.63	0.65	0.66	0.63

从表7.2中可以看出，战略性新兴产业的环境技术效率普遍偏低，处于0.5～0.8。2005～2014年七大产业年平均值情况分别为：节能环保产业的环境技术效率年均值为0.63，新一代信息技术产业的环境技术效率年均值为0.57，生物医药产业的环境技术效率年均值为0.55，高端装备制造业的环境技术效率年均值为0.66，新能源产业的环境技术效率年均值为0.73，新材料产业的环境技术效率年均值为0.59，新能源汽车产业的环境技术效率年均值为0.68，而整个战略性新兴产业的环境技术效率年均值为0.63。这说明在七大战略性新兴产业中，新能源产业的环境技术效率最高，而生物医药产业的环境技术效率最低，节能环保产业的环境技术效率基本与产业均值持平，所得结果比较符合中国的实际发展状况。

7.2.3 江西省战略性新兴产业环境效率的测算结果及分析

根据上文所得到的2003～2012年七大战略性新兴产业环境技术效率，本节将进一步测算战略性新兴产业环境技术效率的变动情况，得到各产业环境技术效率的GML指数，并将其分解为技术进步（EC）指数和效率改进（BPC）指数，具体结果如表7.3所示。

表7.3　2003～2012年各产业环境技术效率GML指数及其分解（累积值）

产业	考虑非期望产出：GML指数			不考虑非期望产出：GML指数		
	GML	EC	BPC	GML	EC	BPC
节能环保	1.135	0.991	1.168	1.441	1.006	1.462
新一代信息技术	0.690	1.372	0.512	1.079	0.729	1.509
生物医药	0.981	1.013	0.988	1.184	1.020	1.184
高端装备制造	1.236	1.193	1.109	1.277	1.020	1.277

续表

产业	考虑非期望产出：GML 指数			不考虑非期望产出：GML 指数		
	GML	EC	BPC	GML	EC	BPC
新能源	0.599	1.111	0.550	1.110	0.823	1.375
新材料	0.659	2.050	0.327	0.836	0.489	1.746
新能源汽车	0.966	0.925	1.066	1.203	0.585	2.094
均值	0.896	1.236	0.817	1.162	0.810	1.521
标准差	0.249	0.389	0.343	0.187	0.218	0.310

由表7.3可知，在考虑非期望产出的情况下，2003～2012年江西战略性新兴产业环境技术效率平均增长指数为0.896，表明在资源环境约束下，十年间江西战略性新兴产业环境技术效率的变动总体上显现下降的趋势，下降了10.4%。这主要源于效率改进（BPC）的落后，而技术进步（EC）的值大于1，对环境技术效率的变动有正的推进作用①。产业之间的差异主要来源于技术进步（EC），再一次说明了技术的重要性。当考虑非期望产出时，除节能环保、高端装备制造业外，其他产业的环境生产效率都是下降的，这是由于这两个产业的发展基础较好。另外，生物医药、新能源汽车产业的环境技术效率的变动接近于1，说明其发展也渐渐趋于成熟的阶段。

而当不考虑非期望产出时，所有产业的环境技术效率都有明显的上升，这时产业平均环境技术效率增长指数为1.162。这说明不考虑环境因素影响时明显会高估环境技术效率的增长，产业间的差异也会变小②。当未考虑非期望产出弱可处置性时，大多数产业的技术进步程度被低估，而效率改进程度被高估。这说明高能耗、高污染使得生产者的主要精力没有放在提高生产技术水平上，而是放在节能降耗上，使得技术进步程度暂时被环境污染治理拉低了，而技术效率只是“被动”地提高了。

---

① 王兵，张技辉，张华．环境约束下中国省际全要素能源效率实证研究［J］．经济评论，2011（4）：31－43.

② 王宏起，刘梦，李玥，杨仲基．结构平衡目标下区域战略性新兴产业创新生态系统科技资源配置模型［J］．中国科技论坛，2018（11）：35－43.

7.3 提升江西省战略性新兴产业环境效率实践

7.3.1 提升江西省战略性新兴产业环境效率的实践路径

7.3.1.1 加强政府扶持力度，优化资源配置

一方面，政府应加强战略性新兴产业法律法规制度建设，建立战略性新兴产业信息平台，通过健全知识产权保护体系，规范技术交易市场，保障创新成果不被非法利用，增加创新的积极性。另一方面，重点扶持一批高成长性产业，集中力量发展现有的基础设施齐全、自主创新能力强、主营业务突出、掌握核心技术、发展势头强劲的战略性新兴产业。集中力量和资源重点扶持一批发展潜力大、高成长性的产业，对国内外重点区域、重点企业、大公司的重点发展产业进行扶持。有针对性地对战略性新兴产业的配套项目及延伸项目进行支持，形成战略性新兴产业发展链。对发展规模小，但是成长空间大的中小企业通过多种方式进行扶持，以期将其整合成以大企业为核心的配套企业，为大企业提供专项服务。因此，对高成长性的战略性新兴企业进行重点扶持，有利于战略性新兴产业的发展，能够促进产业技术创新能力的提升，进一步提高战略性新兴产业的环境技术效率。

7.3.1.2 制定新型创新战略，提升产业创新能力

由于江西战略性新兴产业兴起和发展的时间相对较短，因此在未来的发展过程中应该逐步转向“开放式创新与领先型创新”相结合的新型创新战略，既要重视封闭式创新模式下的内部创意及内部市场化渠道，也要增强外部创意和外部市场化渠道的作用，并均衡协调内外部资源，勇于进行创新。通过积极寻找外部的合资、技术特许、委外研究、技术合伙、战略联盟或者风险投资等合适的商业模式来尽快地把创新思想变为现实产品与利润收益。与此同时，在合理配置内外部资源的基础上，探索更为有效的创新方式，缩短技术创新的周期，实现技术创新新突破，以改善技术创新效率，继而提高战略性新兴产业环境技术效率，并进一步促进我国战略性新兴产业的快速、持续、稳定发展。

7.3.1.3 优化产业结构，发挥产业导向性

首先，在战略性新兴产业系统内部，对资源进行合理配置，实现资源在各产业间的合理利用，优化产业结构，促进资源、环境与产业的协调发展，有利于实现战略性新兴产业的资源、环境与经济增长的协调发展，有利于提高战略性新兴产业的环境技术效率。其次，以培育战略性新兴产业为主线，培育和发展战略性新兴产业集群，形成设施完整、资源互补、产品特色鲜明、核心竞争力突出的战略性新兴产业集群。最后，充分发挥产业的导向性，延伸产业链条，以信息化带动工业化，以“高技术、低耗能”产业带动“高耗能、高污染”产业，通过带动其他产业发展，使其他产业从粗放型的经济增长方式向集约型的生产方式转变，形成特色鲜明、资源优势互补、发展速度快的产业集群链，实现经济的快速发展，降低能耗、物耗，减少环境污染，保护生态环境。

7.3.1.4 完善金融支持，激发产业内生活力

获取银行信贷支持是金融支持的第一要务，金融支持在一定程度上受到金融结构的制约。创新金融支持机制是江西战略性新兴产业焕发活力的关键一步。为此，对战略性新兴产业提供金融支持关键在于机制创新，改变传统的抵押方式，同时提高金融服务水平，采用差别化的宏观调控手段和微观监管措施，增强金融机构对战略性新兴产业提供金融支持的动力。创新融资方式，鼓励和支持银行创新金融产品、金融服务等业务的研发，推进战略性新兴产业融资方式的改变。拓宽融资渠道，对于重大科技专项资产可探索有效的资产证券化模式，隔离可能出现的破产风险，同时通过信用增级策略提升产品的信用品质。推进知识产权交易融资业务的开展，根据战略性新兴产业具有高新技术的特点，将知识产权交易与融资业务相结合，使企业获得资金来源。

7.3.2 提升江西省战略性新兴产业环境效率的保障措施

7.3.2.1 关键技术及优势企业培育

着力推进国家科技重大专项实施，集成实施省科技计划项目，加快突破一批关键核心技术。大力推进科技协同创新共同体及研发平台建设，努力攻克在关键领域具有战略制高点的关键技术。积极建设一批国家级和省级工程（技术）研究中心、工程实验室、重点实验室、企业技术中心等科研和实践平台。围绕企业高端化、集聚化、特色化目标，推动和支持企业加快资源整合和产品结构调整，

进一步发挥重点企业对产业发展的支撑和带动作用。积极引进掌握一批关键核心技术，同时吸引具有品牌优势和市场优势的国内外知名企业落户江西，进一步通过企业战略重组、上市激励、技术成果共享和协同创新等方式与上下游企业建立紧密合作关系，使企业不断成长、壮大，成为推动战略性新兴产业发展的中流砥柱。

7.3.2.2 重点产业示范推进

“十三五”期间，针对江西省光伏、绿色食品、生物和新医药、非金属新材料、金属新材料、新能源汽车及动力电池、航空制造、半导体照明、文化创意、电子信息、节能技术、风能核能等战略性新兴产业发展领域，在金属新材料、绿色食品两大主营业务收入已超过千亿元的产业基础上，继续巩固其支柱地位。同时瞄准产业发展的主流和方向，组织实施一批重点高新技术产品推广及产业化计划，加快把江西省优势产业、特色产业培育成主营业务收入超千亿元的“明星”产业。逐步建立产业自主知识产权库、重大项目库，积极鼓励技术创新，紧密跟踪各项目进展情况，同时引导和推动金融、中介等机构参与自主创新成果产业化工作。

7.3.2.3 优势产业集聚和产品应用示范推广

加快推进赣州稀土和钨产业基地、新余光伏产业基地、南昌生物及航空产业基地、景德镇陶瓷新材料产业基地等一批国家级和省重点产业示范基地建设。优化各市区产业发展环境，整合人才、技术、资金等优质资源，推进关联企业集聚，同时将产业链向上下游延伸，提升战略性新兴产业集约发展水平。在具有一定规模优势、创新能力的地区或工业园，加快布局具有特色的战略性新兴产业工业园，形成省级特色产业集群。在南昌、赣州、九江、上饶等地，加快推进新能源汽车、光伏、半导体照明应用示范城市的建设，在人流量较大的公共场所、景区、道路交通等区域进行半导体照明的应用示范，促进半导体照明和光伏产业的快速发展。扩大开展新能源汽车推广示范工程，在各城市主要路段布局建设充足的新能源汽车充电桩，逐步实现新能源汽车共享。以省会南昌市为重点，加快实施光纤、无线宽带多媒体接入系统示范工程，在全省范围内覆盖无线宽带网络，促进“三网融合”。加速“城市矿产”的开发利用，变废为宝，进一步提高资源利用效率，优化城镇污水处理系统和空气净化系统设施建设，实现绿色江西崛起。

7.3.2.4 金融支持试点示范工作在江西战略性新兴产业发展上先行开展

首先，政策上以政府为主导扶持全省金融发展，同时也要吸引私募股权投融资基金、资产证券化业务落户江西。因地制宜利用地方金融优势为企业提供政策支持，形成产业发展与金融支持两者之间双向良性循环的良好态势。其次，大力支持企业创新发展，培育战略性新兴产业创新发展能力，建立一批有责任、有担当、有潜力的优秀企业，并积极推动上市。各产业、各市区建立创新创业培育基地，打造江西战略性新兴产业发展强省。最后，完善金融支持的各项政策、制度，积极探索金融支持战略性新兴产业发展的新思路、新模式，推进江西战略性新兴产业之间协同发展。

7.4 本章小结

本章以案例形式分析了江西省战略性新兴产业的发展现状及环境效率状况，并对江西省战略性新兴产业提升环境效率实践的路径与保障措施进行探索。

江西省战略性新兴产业的发展有资源、生态环境以及平台支撑优势，但机遇与挑战并存，其发展面临着整体行业规模小、参与竞争和分工的能力不足、行业发展水平普遍较低、产业布局不合理、创新能力不足等问题。以鄱阳湖生态经济区建设为龙头，以科技为先导，培育一批龙头企业，打造一批战略性新兴产业，形成较强区域竞争力，使江西成为我国战略性新兴产业创新和生产的重要基地，围绕江西战略性新兴产业发展的愿景和目标，重点推进形成十大国家级以上的产业基地。江西的绿色崛起为进入全面小康社会打下坚实基础。

江西省战略性新兴产业环境效率普遍偏低，在战略性新兴产业的七大产业中，新能源产业的环境技术效率最高，而生物医药产业的环境技术效率最低，节能环保产业的环境技术效率基本与产业均值持平，比较符合实际发展情况。在考虑非期望产出和资源环境约束的情况下，江西省十年间战略性新兴产业环境技术效率的变动总体上呈现下降的趋势。当不考虑非期望产出时，所有产业的环境技术效率都有明显的上升，即不考虑环境因素影响时明显会高估环境技术效率的增长，产业间的差异也变小。

江西省通过关键技术培育、优势企业培育、重点产业示范推进、优势产业集聚、产品应用示范推广等途径提升战略性新兴产业的环境效率，主要表现为政府优化资源配置、制定新型创新战略及优化产业结构。政府还应强化科技创新体系建设、扶持一批高成长性企业和特色产业基地、进一步创新财税金融支持方式、推进人才队伍建设、积极培育市场等保障举措，提升战略性新兴产业的环境效率将更为有效。

8 提升战略性新兴产业环境效率的前提条件与政策建议

基于上文中战略性新兴产业环境效率测算的结果、环境效率的影响因素的实证结果以及环境效率的内外部驱动力分析结果，本章从战略上和具体对策上提出提升战略性新兴产业环境效率的政策建议。

8.1 战略性新兴产业环境效率提升的前提条件

8.1.1 基于生产要素集聚的推动作用

资本、土地、科技和人力的投入是一个产业发展的基本构成要素，这些基本要素投入产业生产后，对于其产出大于投入的增量部分或称“增值”部分，我们可以理解为其具有较强的正向效应。战略性新兴产业作为一个系统的产业组织，通过与关联产业、基础产业的相互支持、配合、补充和联系，形成了一个统一的“利益共同体”，各种生产要素相对集中在优势产业中，这将逐步形成集聚效应，能够大大促进生产力的提升、增强产业间的关联效应、带动整个产业的共同发展，同时产业生产要素的集聚是产业不断升级发展的基本动力，是战略性新兴产业生产效率提升的重要基础，资本、土地、科技和人力等要素的集聚使得战略性新兴产业资源利用率进一步提高，进而能够推动产业结构优化和升级。目前各地区工业园区都在试图构建前后关联的产业链体系，通过资源要素集聚打造发展的“高地”，并最终形成产业效应和规模效应。另外，也可以将战略性新兴产业视为一个生产集体，要素的高度集聚使得产业生产的规模不断扩大并带来技术创新的大幅增长，这将有利于降低单位产出的成本和能源消耗，产生规模效益，推动战略性新兴产业环境效率的持续增长，同时要素集聚具有较强的正外部经济效应，使得产业内各要素的使用更加充分、技术不断提升、能耗不断降低、污染不断减少、要素资源的分配不断优化，最终推动战略性新兴产业环境效率得以提升。为此，生产要素的聚集是提升战略性新兴产业环境效率的基本前提。

8.1.2 基于企业微观层面的能动作用

战略性新兴产业环境效率增长还得益于企业本身的微观层面因素，包括企业技术、创新思路、创新战略、人才梯队、R&D 费用、企业文化等，这些企业微观层面的因素都是围绕企业生产经营而开展工作，而企业则是战略性新兴产业发展的基础和微观主体，这些因素是企业科技创新发展的基础核心要素。

企业在创新战略的指导下，通过技术研发提升产品市场竞争力以达到差异化优势发展的目的，即通过研发技术、生产技术的创新来提高产品质量和工艺水平，通过生产的组织管理与创新来提高企业管理效益和经营水平，通过不断开发新技术、新标准、新工艺，提升产品技术创新速度，最终提升企业产品核心竞争力，通过创新引领发展。例如，华为洞察和把握了行业大方向，制定了正确的网络发展战略，确保了产品研发没有走弯路，并且使产品走在行业的前列，引导行业的发展方向。2005 年，华为推动网络架构走向 ALLIP，制定了 Single 战略，将多种技术共同存在的网络架构变成基于 IP 交换的独立网络平台，通过统一的、富有技术含量的 IP 网络，实现接口、内核、架构和业务的 IP 化，有效降低了各运营商的成本支出，实现费用降低的同时效率提升至少 3 倍以上的目标。2011 年，华为又提出了云技术场景的应用，制定了 SoftCOM 网络发展战略，实现云技术的全面推广应用，要求现有网络一律通过云技术进行优化改造，构建便捷性网络平台，实现资源集中、处理分布的运行，让业务分派、资源分派、业务处理的效率大幅度提升。2016 年，华为又踩住了人工智能 AI 技术是未来应用场景的热点，提出要全流程智能化，将人工智能技术映入通信网络中，提出无人网络这一个概念。2018 年，华为及时把握当前新的外部形势，大力推动鸿蒙系统等一系列具有自主知识产权的新技术、新平台、新场景的应用。因此从华为身上可以看到，企业要持续落实创新发展机制，对新技术的产品和服务体系要有一个完整的规划，包括发展预判、企业决策、过程控制、企业管理、经营反馈等，要建立高效并能适应行业发展趋势的组织结构，做到人、财、物的有力调配，鼓励科技人员加大科技投入并开展积极有效的技术研发，在物质奖励、员工职业生涯发展方面给予科技人员更多的支持，持续打造一支具有战斗力的队伍，坚持“惩恶扬善”“以业绩论英雄”的多元化企业文化，打造企业多元化综合运行和服务保障机制，让更多的人才将企业的发展作为事业的追求，推动企业不断提高科技创新实力，提升产品的科技附加值和单位产出，让企业产品能够引领国内外市场发展，打造行业龙头企业，最终推动战略性新兴产业发展，这就是企业微观主体的作用。

8.1.3 基于产业中观层面的支持作用

战略性新兴产业生产率及环境效率的提升离不开所处的外部环境，包括社会经济发展水平、产业环境、环境限制、能源消费结构、金融服务支持，这些是战略性新兴产业环境生产率提升的重要影响因素。

社会经济发展水平决定了一个产业和地区发展的基础，良好的社会经济发展水平为战略性新兴产业提供了良好的产业基础和经济资源基础，良好的产业环境为战略性新兴产业提供了产业发展的必要条件、前后产业链的支持和服务。环境限制更多体现在一个国家和地区在环境保护、资源管控方面的政策，这对战略性新兴产业的发展产生了直接影响，一个在环保、资源管理方面严格的地区会对战略性新兴产业的发展提出更高的要求。能源消费结构对战略性新兴产业发展中的污染排放有直接影响，传统能源占比高将增加战略性新兴产业污染的排放，降低战略性新兴产业环境生产率。金融服务支持则从信贷资金配置的角度对战略性新兴产业有直接的影响，一般经济发达的地区其信贷规模、非银行金融机构的体量都较大，融资产品结构多元化，能对战略性新兴产业的发展提供充足的资金保障和信贷支持。因此在中观层面，基于宏观环境的中观层面因素对战略性新兴产业环境效率从外部环境上产生了直接的影响。

8.1.4 基于政府宏观层面的引导作用

战略性新兴产业还要考虑来自政府层面的影响，政府在资源配置、政策指引、服务保障、外部投资等方面发挥了重要的“指挥棒”作用，特别是在党的十八大以后，中央和各省市政府都加大了对战略性新兴产业的支持，各省市正在按照“五位一体”总体布局和“四个全面”战略布局要求，积极适应、把握和引领经济发展新常态，牢固树立和贯彻落实创新、协调、绿色、开放、共享的绿色生态发展理念，紧紧把握全球新一轮科技革命和产业变革这一重大历史机遇，积极培育发展新动能，推进供给侧结构性改革，构建中国特色社会主义的现代化产业体系，提升自主创新能力，深化国际交流与合作；建设制造强国，发展现代服务业，为全面建成小康社会提供有力支撑。同时，推进政府简政放权、放管结合、优化行政服务改革，破除陈旧管理方式对新兴产业发展的束缚，降低企业运营成本，激发企业活力，加快新兴企业成长壮大。因此，政府对市场的干预、对科技的投入、对产业的扶持都可以直接推动或影响战略性新兴产业的发展。

战略性新兴产业生产率只有在良好的政策环境中才能得到持续发展和提升，当前世界各国都在加强对战略性新兴产业的资金、人力等的投入，特别是美国等西方发达国家将扶持战略性新兴产业作为一项重要的工作，作为西方国家继续保持竞争优势、维持贸易有利地位的重要抓手，产业规划大部分都来自政府的引导和判断，是政府对未来国民经济定位的重要判断，没有政府的引导和扶持，战略性新兴产业就不能落地生根，因此各地方政府正在通过对战略性新兴产业的布局来推动地方经济发展均衡化、高效化以及高端化，使得各方面资源持续向战略性新兴产业倾斜，促进战略性新兴产业生产率持续提升。

8.2　提升战略性新兴产业环境效率的政策建议

基于战略性新兴产业环境效率的测度分析结果、战略性新兴产业环境效率影响因素实证分析结果、战略性新兴产业环境效率动力主体的合作机制分析结果，本章对提升战略性新兴产业环境效率的政策建议主要有以下七项：完善创新系统，提升环境技术效率；强化环境规制，促进可持续发展；优化产业结构，提高产业结构合理化水平；增加政府购买，创新融资支持；增强产业竞争力，提升自主创新能力；推进人才队伍建设，强化战略性新兴产业发展的智力支撑；完善环境资源交易市场，因地制宜发展战略性新兴产业。具体对策建议如下：

8.2.1　完善创新系统，提升环境技术效率

增加 R&D 投入有利于提高战略性新兴产业生产率，增加科研经费投入能够让企业有充裕的资金开展自主研发和技术引进，提高企业综合开发能力和创新能力，提升产品内在附加值，使得企业始终和科技创新保持一致，并处于技术前沿；增强要素资源的利用和开发能力，提高资源利用率，减少污染物排放，因此加大技术创新 R&D 投入能促进战略性新兴产业环境生产率的提升。考虑到我国经济发展不平衡问题，应该特别加大对经济欠发达地区的创新投入，刺激中西部地区战略性新兴产业快速发展。

制定战略性新兴产业创新发展战略方针。对于当前仍然处于成长期和培育期的战略性新兴产业，要通过制定科学合理的创新发展战略以更好地引导战略性新兴产业创新发展；缩短技术开发周期，直接瞄准国外先进发展水平；实现“弯道超车”，提高技术效率；最终提高战略性新兴产业环境生产率。

建立适合科技创新发展的财政和金融服务支持体系。要通过政府的支持、社会资金的投入，带动市场建立并完善战略性新兴产业财税和金融服务渠道，通过政府专项奖补资金、专项发展资金、产业基金、战略引导资金等渠道，发挥公共资金对战略性新兴产业的支持，不断落实国家对自主创新的奖励政策，加快实现技术开发、引进、再提升，加大对核心企业支持力度的同时增强对中小企业的服务力度，鼓励更多优秀青年投入科技创新中，通过建立风险共担、利益共享的机制，推动企业加大技术创新、发明创新、专利申报。同时，发挥金融机构服务地方经济、服务实体经济的作用，引导和鼓励商业银行对战略性新兴产业的资金投入，做到真正服务制造业产业的发展，不断完善担保、征信体制，鼓励开发更多适于战略性新兴产业发展的金融产品和服务，探索股权质押、专利权质押、公开市场债券、ABS、ABN 等产品，支持中小企业的创新创造，鼓励符合条件的公司申请上科创板、中小板和主板市场。以上财政和金融服务支持应适度向西部地区、农村地区等经济发展水平相对较弱的省份和地区倾斜，进而从整体上促进我国战略性新兴产业环境效率提高。

完善创新中介服务体系建设，充分发挥创新中介的“桥梁纽带”作用，构建业务全面、知识过硬、专业专注的服务团队和创新体系，规范中介结构的管

理，完善技术创新服务的体制机制。

8.2.2 强化环境规制，促进可持续发展

由于各种原因导致各地区发展、各产业间发展呈现差异化，在制定战略性新兴产业的发展政策、引导政策时应充分考虑地区间、产业间的发展差异，从各地区、各产业、各企业实际情况出发因地制宜施策，结合不同产业要素禀赋、发展基础、发展资源、区域差异，推动产业结构不断升级、不断优化、不断提升，走高效化、差异化、可持续发展的道路，不采取“一刀切”的发展思路，充分考虑中国地区差异化发展水平，这样才能走出真正适合战略性新兴产业发展的道路，实现资源合理配置；并且战略性新兴产业发展需要考虑环境承载能力，从可持续发展的理念考虑产业发展和环境保护，注重两者之间的协调平衡发展，协调好有限资源、高标准环境和产业发展之间的关系，控制好战略性新兴产业污染物的排放量，促进战略性新兴产业环境生产率提升。

过去政府和学术界都过多地关注产业的发展、经济的增长，从而忽视了产业发展和资源、环境之间的联动效应，各企业普遍处在高能耗、高污染和低产出的状态，战略性新兴产业作为引领未来国民经济发展的关键“增长极”，要更加重视产业和资源、环境之间的联动效应。当前我国战略性新兴产业仍然处于快速发展的上升期，存在科技水平低、资源投入不足等问题，对资源和环境的依赖程度依然很高，因此在加快技术创新的同时要从产业可持续发展的角度出发，下好“先手棋”，打好“主动仗”，提前预判好战略性新兴产业发展和地区生态环境之间的相互影响作用，发挥正的激励效应，避免负的影响效应，使战略性新兴产业在发展中呈现出环境影响小、产业附加值高、资源投入少、回报产出高的特点。

首先，加大环境管制力度，通过完善环境法律法规，严格环境的执法，从制度层面规范环境管制的要求和准则，构建战略性新兴产业与环境保护之间的协调机制，从“先污染后治理”逐步过渡到提前预防、防止污染的处理方式，提高环保质量和水平，在不同的地区对不同的产业采取不同的政策，做到既有金山银山，又有绿水青山。

其次，战略性新兴产业的发展要依托产业技术创新，要支持科技水平高、市场前景好的企业发展，主动淘汰技术落后、缺乏市场的企业，将有限的资源聚集到优质的企业中，使得战略性新兴产业发展的起点高、发展增速快，推动产业结

构的不断优化升级，发展低碳、节能、环保的优质战略性新兴产业。当然，我们更应关注西部地区、经济发展较弱地区的技术创新，西部地区拥有丰富的自然环境资源和土地资源，那么可以考虑大力引进高技术创新人才，制定实施鼓励技术创新的政策，充分发挥地区优势，努力弥补地区短板，通过技术创新提高资源有效利用率，推动产业优化升级与产业集聚发展。

再次，要加强对战略性新兴产业的污染排放管理，要通过技术创新使得生产要素资源科学合理配置，提高资源的利用率，减少污染的排放，对污染排放采取总量控制的原则，发展循环经济，实现生产过程中污染物的再利用、再开发，减少直接排放对环境的影响。必须严格控制企业污染排放，加大当地环境规制力度，在保护环境的前提下发展战略性新兴产业。东部地区经济发展水平较高在一定程度上牺牲了环境保护，造成了水污染、空气污染、土地污染等问题，战略性新兴产业的未来发展必须治理好一系列环境污染，可以考虑将产业中心向城市郊区转移、向周边省市转移，形成经济带和经济圈。在西部地区，环境污染较少，但并不意味着没有污染、无关紧要，各地政府部门依然要严格管控企业污染排放。

最后，各级政府应着力提高环境执法的公正廉洁程度，严厉惩治贪污腐败、监守自盗等行为。通过增强环境执法部门的办公透明度，通过完善民众监督举报投诉制度、拓宽群众举报投诉的渠道等充分发挥社会公众媒体的监督作用，加强对执法人员的思想教育，从执法人员内部入手，通过加强自身管理和强化全心全意为人民服务的意识来提高环境执法的公正廉洁程度，这将有助于提升政府公信力，引导企业、社会公众自觉遵循有关环境保护的规章制度，对所在区域涉及环境规制的战略性新兴产业企业的有关环境规制成本进行补贴，以减少战略性新兴产业污染排放物对环境的伤害，从而有利于提升战略性新兴产业环境效率，提升当地的生态建设水平。政府还可以通过加大对环境污染排放物的税收惩罚力度、建立健全有关环境法规体系、严格执行环境政策、提高战略性新兴产业中企业的准入门槛等措施来强化对环境的规制，使环境得到改善，从而提升战略性新兴产业的环境效率。

通过以上措施和手段，起到改善环境、控制能耗、降低污染排放的效果，最终推动战略性新兴产业环境生产率的提升和改善，实现产业发展、环境改善的绿色协调可持续发展。

8.2.3 优化产业结构，提高产业结构合理化水平

通过强化战略性新兴产业的布局来整合资源、优化产业结构，从而进一步提高产业结构合理化水平，以此来提升战略性新兴产业的环境效率。产业结构合理化是产业结构高级化的基础，产业结构合理化程度的提升可为产业结构高级化创造良好的前提条件，战略性新兴产业属于技术、知识密集型产业，其发展过程需要大量高技术产业的支持。因此产业结构高级化程度的提升可为战略性新兴产业的发展提供配套产业支持，促进战略性新兴产业的发展。

我国必须主动谋求产业结构高级化转型升级策略，积极扩大战略性新兴产业生产和发展，通过供给侧结构性改革，着力从“三去一降一补”去产能、去库存、去杠杆、降成本、补短板五方面加快产业结构调整进程。在这一现实背景下，为提升战略性新兴产业环境效率，可以通过加大产业结构转型的力度，来改善因产业结构的不合理（第三产业需要进一步发展）而造成的环境污染严重、资源消耗大等问题。虽然近年来中国加大了环保投入，采取产业升级措施来改善这些问题，但还可以通过进一步转变和提升传统产业、发展战略性新兴产业、提高第三产业发展水平、扩大环保规模、提高环保技术水平来加快产业结构调整。一方面，东部、中部和西部地区产业结构的总体规划应以实现资源共享和优势互补为目标，积极推动产业结构和就业结构的均衡发展；另一方面，应该根据各地区的实际情况和实际需要来调整产业结构。东部地区需要继续淘汰落后产能，清理一些僵尸企业；中西部地区应根据自身资源禀赋综合考虑各类因素，引导低附加值产业的劳动力、资本要素等流向高附加值产业。要通过发展战略性新兴产业，重塑“中国制造”辉煌的重要突破口。当前我国大部分省区仍处于工业化中后期，大力发展战略性新兴产业经济、提升产业结构水平是新旧动能转换的重中之重。要借鉴学习西方发达国家的发展经验，着力补齐“硬科技”发展短板，加快构建以战略性新兴产业为核心的创新链和产业链，把握好战略性新兴产业发展的重要“窗口期”，推动战略性新兴产业的发展，助推“中国制造”迈向新高度。

8.2.4 增加政府购买，创新融资支持

战略性新兴产业主要是知识和技术密集型产业，其典型特征是高技术、高投

资和高风险。自然资源的开发利用和技术的进一步研发都需要大量资金支持。其投资回收期相对较长，这需要政府增加财政支持。政府可以增加采购战略性新兴产业的产品，另外还可以引导和鼓励制造部门、国家重点工程等购买使用相关产品。同时，政府应设立专项资金用于支持战略性新兴产业研发项目，还可以通过完善财政税收政策，对符合战略性新兴产业发展特点的重点项目和相关企业给予适当的税收优惠。政府在制定有关战略性新兴产业扶持的政策时，要紧紧围绕产业发展所需要的各种要素，坚持实事求是，明确营造创新和激励大环境的重要性，通过环境与机制来吸引、聚集和利用国内外产业的资源、资金、技术等要素来发展壮大战略性新兴产业，合理有效地进行资源配置。同时，通过制定相关的产业政策以促进企业之间、产业之间、行业之间进行适度竞争，形成社会效益和经济效益并存的竞争模式。有效的竞争可以使资源从低效利用、成本高的部门或企业流向高效利用、能够充分发挥资源价值、能够有效降低社会劳动力成本的部门或企业，进而实现资源的合理配置和战略性新兴产业的可持续发展。战略性新兴产业的高质量发展离不开政府的有效支持，但政府过度支持会导致资源浪费和配置不合理，这将不利于提高战略性新兴产业的环境效率。因此，在早期，政府可以通过积极鼓励战略性新兴产业的龙头企业对小企业进行收购兼并，支持龙头企业强势扩张，对于现有的龙头企业进行重点扶持，使龙头企业形成规模效应，降低其产品成本，增强其竞争力。

把战略性新兴产业培育发展成为先导性、支柱性产业，必须依靠地方金融政策的大力支持。第一，要不断完善政府与政策性银行的信息交流平台。积极争取政策性银行的支持，发挥国家开发银行、进出口银行的作用，利用政策性信贷资金周期长、利率低的优势，重点支持战略性新兴产业发展。第二，要不断完善商业银行金融服务体系。鼓励和引导商业银行重点支持各省区确定的战略性新兴产业领域内的重大技术创新项目、重大科技专项计划、重点投资、科技型中小企业技术创新等项目，主要向依靠综合收益还款的项目倾斜，向处于产业化后端或产业成熟期的项目倾斜。第三，要加大力度推动金融工具创新。进一步落实党中央、国务院支持中小企业发展的政策，围绕战略性新兴产业上下游各参与企业开展融资创新试点，鼓励并推动符合条件的战略性新兴产业企业发行公司债券，努力扩大直接融资比例，通过多种渠道解决中小企业发展过程中的融资难题。第四，要大力支持民间资本投资进入战略性新兴产业领域。着力发展社会风险投资，扶持风投机构通过参股、融资担保和风险补助等方式参与战略性新兴产业的发展，吸引境内外著名风险投资基金、私募基金等机构拓展风投业务，引导金融机构有针对性地建立信贷体系和保险、担保联动机制，促进金融创新，优先安排符合条件的战略性新兴产业中的骨干企业上市。

8.2.5 增强产业竞争力，提升自主创新能力

战略性新兴产业环境效率影响因素的实证结果表明，经济发展水平的提高对战略性新兴产业环境效率具有显著的正向影响，增强整个战略性新兴产业的竞争力无疑会提高经济发展水平，同时也会促进产业环境效率的提升。增强产业竞争力可从以下两个方面着手：一方面，必须充分发挥政府在增强企业核心竞争力中的作用，各级政府在确定战略性新兴产业发展方向时，应结合战略性新兴产业历史演化规律及后发地区赶超能力，后发地区战略性新兴产业在赶超过程中，要结合自身能力、选择合适的赶超路径，最终实现技术和产业整体超越；另一方面，产业竞争主要表现为企业之间的竞争，“有为政府”应该与有效市场结合起来，充分发挥市场的自主调节作用。通过以上方式，有助于增强我国战略性新兴产业在国内及国际市场的竞争力，同时也有助于增强我国的经济实力和综合国力，从而实现战略性新兴产业环境效率提升。

应继续加强利用外资的效率，同时注意审慎对外开放，合理地利用外资。一直以来，我们都强调要加大对外开放的程度，以包容之心对待国外先进技术和文化的传入，深入贯彻“引进来”和“走出去”的战略，但我们必须要审慎客观、实事求是地看待。实证结果表明，外资进入并未改善中国战略性新兴产业的技术，当然不应该因此而盲目限制外商直接投资的流入。相反，需要进一步合理引进外资，改善污染控制技术，充分有效利用外资发展区域经济等。要明确外商投资对中国经济发展的积极作用，提高优质外资的利用率，而提高优质外资的利用率的前提之一就是构建一个能够满足外资发挥积极作用的市场环境，并引导外资在中国设立研发中心，投向战略性新兴产业，并结合地区的发展优势和实际情况，提高外资利用效率。通过推进形成由企业选题、产学研协同攻关的创新模式，掌握一批战略性新兴产业产品和技术的知识产权和具有一定影响力的技术标准，使产业协同创新机制更加完善，形成有利于产业链发展的系统集成技术能力，加强国际合作，提高国际化创新发展的水平，以此来提升战略性新兴产业的

自主创新能力，从而提升产业环境效率，使战略性新兴产业相关企业充分发挥企业活力和创造力，给予它们一个良好的创新环境。此外，企业也可以通过加强与科研机构、高校的对接合作，通过优势互补，实现共赢；通过完善企业的人才培训机制，鼓励、支持高素质、高技术人才继续进修深造，加强企业员工之间的沟通与交流，营造一种互相学习、共同进步的良好工作环境，进一步提高企业员工的专业技能和水平。

8.2.6 推进人才队伍建设，强化战略性新兴产业发展的智力支撑

树立人才优先发展的战略理念，适应战略性新兴产业发展需要，以重大工程和项目为载体，加快制订战略性新兴产业人才引进计划，在充分调动和激发高科技实用技术人才的能动性和创新活力的基础上，构建战略性新兴产业人才引进“绿色通道”，加大力度吸引海内外优秀人才参与战略性新兴产业的发展。鼓励采取团队引进、核心人才带动引进、项目开发引进等多种方式，面向全世界重点引进战略性新兴产业发展急需的高层次人才、高技能人才、紧缺型人才，特别是带技术、带项目、带资金的优秀创新人才。重视战略性新兴产业领域专业人才培育，破除论资排辈、求全责备的观念，加大对优秀青年科技人才的发现、培养、使用和资助力度。加强产学研合作，推动科技人才向战略性新兴产业集聚，发挥南昌大学等研究型大学的支撑和引领作用，加强战略性新兴产业相关专业学科建设，建议享受省政府特殊津贴人员选拔范围重点向战略性新兴产业倾斜。

围绕战略性新兴产业等重点领域，鼓励企业参与人才培养，持续强化对企业在职科技人员的培训，由政府拨付专项财政资金用于补贴、奖励企业与高校、科研机构联合培养高端技术人才，促进创新型、应用型、复合型和技能型人才的培养，特别要培养高层次、高水平的战略性新兴产业领军人才。同时，在战略性新兴产业各行业内选拔一批技术力量强、科研水平高的企业，由中央和各省级财政给予资金支持，依托重点核心企业建立实训基地，开展多层面、多范围的技能培训。加大对职业教育的支持力度，健全多渠道投入机制，逐步增加公共财政对职业教育的投入，安排专项经费重点支持示范性院校、技能型紧缺人才培训基地建设及师资培训、扶贫助学等，促使职业教育规模、专业设置与战略性新兴产业发展需求相适应。

8.2.7 完善环境资源交易市场，因地制宜发展战略性新兴产业

促进和完善环境资源交易市场，因地制宜发展战略性新兴产业。环境资源交易市场的完善和发展可以有效制约和规范企业污染物排放，促进企业经营决策优化、产业升级改造，提高资源使用效率，更重要的是有利于我国战略性新兴产业健康稳定发展。从战略性新兴产业环境效率影响因素的实证分析可以发现，影响我国战略性新兴产业环境效率的因素呈现出空间非均衡特征，为此政府应根据东部、中部和西部地区的经济发展状况、资源环境状况、制度环境状况等进行环境资源交易市场的资源定价，引导和鼓励发展具有本区域特色的战略性新兴产业。与此同时，考虑到中西部地区已陷入经济发展和环境保护的双重困境，因此有必要从源头引进现有的先进生产技术，以增加预期的产量，同时尽量减少污染物的排放，并积极引导中西部地区走资源节约和环境友好的发展道路。在大力发展战略性新兴产业的过程中，坚持因地制宜，理论联系实际，实事求是，做好产业总体空间规划布局。同时，在战略性新兴产业总体空间布局中坚持西部有别于东部、中部的原则，西部地区主要集中承接东部地区产业转移的艰巨任务，充分发挥环境优势，大力发展高效农业和旅游业，继续保持绿色发展，秉承“既要金山银山，又要绿水青山”的理念。与此同时，要注重环境的保护，充分高效利用本地区人力、物力和财力。从前面的实证结果可以看出，生态建设力度对西部地区的产业环境效率有着显著的负作用，主要原因在于生态建设初期需要大量的建设资金投入，前期耗费成本较高，滞后效应较为明显，环境约束的弱化要经历很长一段时间才能显露出来，导致产业效率在发展过程中所受抑制作用较为明显，但从长期来看，生态建设终将会改善当地的环境状况，提升当地产业环境效率。东部地区应充分利用人才聚集和技术聚集优势发展战略性新兴产业，瞄准产业发展前沿，进一步提升战略性新兴产业环境效率，从而推动地区经济发展水平快速提升。总而言之，各区域在发展战略性新兴产业的过程中，要持续跟进技术的发展前沿，立足本地区实际情况，找出自身的优势，充分发挥地区的资源禀赋、人力资源优势等，有侧重地发展适宜的战略性新兴产业。

参考文献

[1] Aerts K., Czarnitzki D. Using innovation survey data to evaluate R&D policy: The Case of Belgium [C]. ZEW Discussion Paper, 2004: 4-55.

[2] Agarwal R., Bayus B. L. Creating and surviving in new industries [A] // Business strategy over the industry lifecycle [M]. Emerald Group Publishing Limited, 2004: 107-130.

[3] An Q., Yan H., Wu J., et al. Internal resource waste and centralization degree in two-stage systems: An efficiency analysis [J]. Omega, 2016 (61): 89-99.

[4] Antonelli C. The evolution of the industrial organization of the production of knowledge [J]. Cambridge Journal of Economics, 1999, 23 (2): 243-260.

[5] Banker R. D., Charnes A., Cooper W. W. Some models for estimating technical and scale inefficiencies in data envelopment analysis [J]. Management Science, 1984, 30 (9): 1078-1092.

[6] Barro R. J., Sala-i-Martin X. Convergence [J]. Journal of Political Economy, 1992, 100 (2): 223-251.

[7] Battese G. E., Rao D. S. P., O' donnell C. J. A metafrontier production function for estimation of technical efficiencies and technology gaps for firms operating under different technologies [J]. Journal of Productivity Analysis, 2004, 21 (1): 91-103.

[8] Blannk S. C. Insiders' views on business models used by small agricultural biotechnology firms: Economic implications for the emerging global industry [J].

Agbioforum, 2008, 11 (2): 71 –81.

[9] Busom I. An empirical evaluation of the effects of R&D subsidies [J]. Economics of Innovation and New Technology, 2000, 9 (2): 111 –148.

[10] Caves D. W., Christensen L. R., Diewert W. E. The economic theory of index numbers and the measurement of input, output, and productivity [J]. Econometrica, Econometric Society, 1982, 50 (6): 1393 –1414.

[11] Chambers R. G., Chung Y., Färe R. Benefit and distance functions [J]. Journal of Economic Theory, 1996, 70 (2): 407 –419.

[12] Chambers R. G., Chung Y., Färe R. Profit, directional distance functions, and Nerlovian efficiency [J]. Journal of Optimization Theory and Applications, 1998, 98 (2): 351 –364.

[13] Chambers R. G., Quiggin J. Cost functions and duality for stochastic technologies [J]. American Journal of Agricultural Economics, 1998, 80 (2): 288 – 295.

[14] Chambers R. G., Quiggin J. Uncertainty, production, choice and agency: The state – contingent approach [M]. Cambridge University Press, 2000.

[15] Chambers R. G., Serra T., Stefanou S. E. Using ex ante output elicitation to model state – contingent technologies [J]. Journal of Productivity Analysis, 2015, 43 (1): 75 –83.

[16] Chang Y. T., Park H., Jeong J., et al. Evaluating economic and environmental efficiency of global airlines: A SBM – DEA approach [J]. Transportation Research Part D: Transport and Environment, 2014 (27): 46 –50.

[17] Chang Y. T., Zhang N., Danao D., et al. Environmental efficiency analysis of transportation system in China: A non – radial DEA approach [J]. Energy Policy, 2013 (58): 277 –283.

[18] Chavas J. P. A cost approach to economic analysis under state – contingent production uncertainty [J]. American Journal of Agricultural Economics, 2008, 90 (2): 435 –466.

[19] Chen C. M., Delmas M. A. Measuring eco – inefficiency: A new frontier approach [J]. Operations Research, 2012, 60 (5): 1064 –1079.

[20] Chen C. The Innovation, problem and countermeasures of banking industry supporting the development of strategic emerging industries [J]. Securities Market Herald, 2013 (6): 21-26.

[21] Choi M. J., Torralba A., Willsky A S. Context models and out-of-context objects [J]. Pattern Recognition Letters, 2012, 33 (7): 853-862.

[22] Christensen L. R., Jorgenson D. W. The measurement of US real capital input, 1929-1967 [J]. Review of Income and Wealth, 1969, 15 (4): 293-320.

[23] Christensen L. R., Jorgenson D. W. US real product and real factor input, 1929-1967 [J]. Review of Income and Wealth, 1970, 16 (1): 19-50.

[24] Chung F. R. K., Graham F. C. Spectral graph theory [M]. American Mathematical Soc, 1997.

[25] Cooper W. W., Hemphill H., Huang Z., et al. Survey of mathematical programming models in air pollution management [J]. European Journal of Operational Research, 1997, 96 (1): 1-35.

[26] Díaz-Balteiro L., Romero C. In search of a natural systems sustainability index [J]. Ecological Economics, 2004, 49 (3): 401-405.

[27] Dyckhoff H., Allen K. Measuring ecological efficiency with data envelopment analysis (DEA) [J]. European Journal of Operational Research, 2001, 132 (2): 312-325.

[28] Esty D. C., Levy M. A., Srebotnjak T., et al. Pilot 2006 environmental performance index [M]. New Haven: Yale Center for Environmental Law & Policy, 2006.

[29] Fagerberg J., Mowery D. C., Nelson R. R. The Oxford handbook of innovation [M]. Oxford University Press, 2005.

[30] Fallon P., Lampart C. Can Backward Subnational Regions Catch Up with Advanced Ones? [J]. World Bank Other Operational Studies, 1998, 10 (3): 29-56.

[31] Färe R., Grosskopf S., Lovell C. A. K., et al. Multilateral productivity comparisons when some outputs are undesirable: A nonparametric approach [J]. The Review of Economics and Statistics, 1989, 71 (1): 90-98.

[32] Färe R. , Grosskopf S. , Margaritis D. APEC and the asian economic crisis: Early signals from productivity trends [J] . Asian Economic Journal, 2001, 15 (3): 325 -341.

[33] Färe R. , Grosskopf S. , Noh D. W. , et al. Characteristics of a polluting technology: Theory and practice [J] . Journal of Econometrics, 2005, 126 (2): 469 -492.

[34] Färe R. , Grosskopf S. , Norris M. , et al. Productivity growth, technical progress, and efficiency change in industrialized countries [J] . The American Economic Review, 1994, 84 (1): 66 -83.

[35] Färe R. , Grosskopf S. , Pasurka Jr C. A. Environmental production functions and environmental directional distance functions [J] . Energy, 2007, 32 (7): 1055 -1066.

[36] Färe R. , Grosskopf S. Productivity and intermediate products: A frontier approach [J] . Economics Letters, 1996, 50 (1): 65 -70.

[37] Färe R. Measuring Farrell efficiency for a firm with intermediate inputs [J] . Academia Economic Papers, 1991, 19 (2): 329 -340.

[38] Farrell M. J. The measurement of productive efficiency [J] . Journal of the Royal Statistical Society: Series A (General), 1957, 120 (3): 253 -281.

[39] Førsund F. R. Good modelling of bad outputs: Pollution and multiple - output production [R] . Memorandum Department of Economics, University of Oslo, 2008.

[40] Friedman, D. Evolutionary Gamesin Economics [J] . Econometrica, 1991 (3) : 637 -666.

[41] Golany B. , Roll Y. An application procedure for DEA [J] . Omega, 1989, 17 (3): 237 -250.

[42] Hayami Y. Sources of agricultural productivity gap among selected countries [J] . American Journal of Agricultural Economics, 1969, 51 (3): 564 -575.

[43] Hossain M. A. , Karunaratne N. D. Trade liberalisation and technical efficiency: Evidence from bangladesh manufacturing industries [J] . Journal of Development Studies, 2004, 40 (3): 87 -114.

[44] Hu J. L. , Wang S. C. Total - factor energy efficiency of regions in China

[J] . Energy Policy, 2006, 34 (17): 3206 - 3217.

[45] Jin J., Zhou D., Zhou P. Measuring environmental performance with stochastic environmental DEA: The case of APEC economies [J] . Economic Modelling, 2014 (38): 80 - 86.

[46] Kesting S., Hellstern J., Pringle J. K. Identifying emerging industries [M] . Gender and Diversity Research Group, AUT University, 2010.

[47] Koopmans, Tjalling C., et al. Activity analysis of production and allocation [M] . New York: Wiley, 1951.

[48] Krueger A. B., Malečková J. Education, poverty and terrorism: Is there a causal connection? [J] . Journal of Economic Perspectives, 2003, 17 (4): 119 - 144.

[49] Lach S. Do R&D subsidies stimulate or displace private R&D? Evidence from Israel [J] . The Journal of Industrial Economics, 2002, 50 (4): 369 - 390.

[50] Lee M. H., Hwang I. J. Determinants of corporate R&D investment: An empirical study comparing Korea's IT industry with its Non - IT industry [J] . ETRI Journal, 2003, 25 (4): 258 - 265.

[51] Li S. K., Cheng Y. S. Technical efficiency versus environmental efficiency: An application to the industrial sector in China [M] . Business Research Centre, School of Business, Hong Kong Baptist University, 2004.

[52] Li K., Chen L. J. Research on supporting policy system for strategic emerging industries based on double helix innovation model [J] . China Soft Science, 2012 (12): 179 - 186.

[53] Liu C., Gu Q., Dong R. Q. The function of industry policy in the development of strategic emerging industries [J] . Comparative Economic & Social Systems, 2011 (1): 196 - 203.

[54] Low M. B., Abrahamson E. Movements, bandwagons, and clones: Industry evolution and the entrepreneurial process [J] . Journal of Business Venturing, 1997, 12 (6): 435 - 457.

[55] Luenberger D. G. Benefit functions and duality [J] . Journal of Mathematical Economics, 1992, 21 (5): 461 - 481.

[56] Managi S., Kaneko S. Economic growth and the environment in China: An empirical analysis of productivity [J]. International Journal of Global Environmental Issues, 2006, 6 (1): 89 – 133.

[57] McGahan A. M., Argyres N., Baum J. A. C. Context, technology and strategy: Forging new perspectives on the industry life cycle [M] //Business strategy over the industry lifecycle. Emerald Group Publishing Limited, 2004: 1 – 21.

[58] McGahan A. M. How industries evolve: Principles for achieving and sustaining superior performance [M]. Harvard Business Press, 2004.

[59] Munksgaard J., Christoffersen L. B, Keiding H, et al. An environmental performance index for products reflecting damage costs [J]. Ecological Economics, 2007, 64 (1): 119 – 130.

[60] Murty S., Russell R. R., Levkoff S. B. On modeling pollution – generating technologies [J]. Journal of Environmental Economics and Management, 2012, 64 (1): 117 – 135.

[61] O' Donnell C. J., Chambers R. G., Quiggin J. Efficiency analysis in the presence of uncertainty [J]. Journal of Productivity Analysis, 2010, 33 (1): 1 – 17.

[62] O' Donnell C. J., Rao D. S. P., Battese G. E. Metafrontier frameworks for the study of firm – level efficiencies and technology ratios [J]. Empirical Economics, 2008, 34 (2): 231 – 255.

[63] O' Donnell C. J., Griffiths W. E. Estimating state – contingent production frontiers [J]. American Journal of Agricultural Economics, 2006, 88 (1): 249 – 266.

[64] Pastor J. T., Lovell C. A. K. A global malmquist productivity index [J]. Economics Letters, 2005, 88 (2): 266 – 271.

[65] Picazo – Tadeo A. J., Prior D. Environmental externalities and efficiency measurement [J]. Journal of Environmental Management, 2009, 90 (11): 3332 – 3339.

[66] Pittman R. W. Multilateral productivity comparisons with undesirable outputs [J]. The Economic Journal, 1983, 93 (372): 883 – 891.

[67] Porter M. E. Competitive advantage, agglomeration economies, and regional policy [J]. International Regional Science Review, 1996, 19 (1-2): 85-90.

[68] Porter M. E. Competitiveness and the role of regions [D]. Institute for Strategy and Competitiveness, Harvard Business School, 2002.

[69] Richter M. K. Revealed preference theory [J]. Econometrica (pre-1986), 1966, 34 (3): 635.

[70] Romer P. M. Increasing returns and long-run growth [J]. Journal of Political Economy, 1986, 94 (5): 1002-1037.

[71] Sahoo B. K., Luptacik M., Mahlberg B. Alternative measures of environmental technology structure in DEA: An application [J]. European Journal of Operational Research, 2011, 215 (3): 750-762.

[72] Scheel H. Undesirable outputs in efficiency valuations [J]. European Journal of Operational Research, 2001, 132 (2): 400-410.

[73] Schmookler J. Invention and economic growth [M]. Cambridge: Harvard University Press, 1966.

[74] Seiford L. M., Zhu J. Modeling undesirable factors in efficiency evaluation [J]. European Journal of Operational Research, 2002, 142 (1): 16-20.

[75] Selden T. M., Song D. Environmental quality and development: Is there a kuznets curve for air pollution emissions? [J]. Journal of Environmental Economics and Management, 1994, 27 (2): 147-162.

[76] Serra T., Lansink A. O. Measuring the impacts of production risk on technical efficiency: A state-contingent conditional order-m approach [J]. European Journal of Operational Research, 2014, 239 (1): 237-242.

[77] Song M., An Q., Zhang W., et al. Environmental efficiency evaluation based on data envelopment analysis: A review [J]. Renewable and Sustainable Energy Reviews, 2012, 16 (7): 4465-4469.

[78] Song M., Song Y., An Q., et al. Review of environmental efficiency and its influencing factors in China: 1998-2009 [J]. Renewable and Sustainable Energy Reviews, 2013 (20): 8-14.

[79] Song M., Wang S., Liu Q. Environmental efficiency evaluation consider-

ing the maximization of desirable outputs and its application [J]. Mathematical and Computer Modelling, 2013, 58 (5): 1110 -1116.

[80] Song M., Wang S., Liu W. A two - stage DEA approach for environmental efficiency measurement [J]. Environmental Monitoring and Assessment, 2014, 186 (5): 3041 -3051.

[81] Sueyoshi T., Goto M., Snell M. A. DEA environmental assessment: Measurement of damages to scale with unified efficiency under managerial disposability or environmental efficiency [J]. Applied Mathematical Modelling, 2013, 37 (12): 7300 -7314.

[82] Sueyoshi T., Goto M. Data envelopment analysis for environmental assessment: Comparison between public and private ownership in petroleum industry [J]. European Journal of Operational Research, 2012a, 216 (3): 668 -678.

[83] Sueyoshi T., Goto M. DEA radial measurement for environmental assessment and planning: Desirable procedures to evaluate fossil fuel power plants [J]. Energy Policy, 2012b (41): 422 -432.

[84] Sueyoshi T., Goto M. Environmental assessment by DEA radial measurement: US coal - fired power plants in ISO (Independent System Operator) and RTO (Regional Transmission Organization) [J]. Energy Economics, 2012c, 34 (3): 663 - 676.

[85] Sueyoshi T., Goto M. Measurement of a linkage among environmental, operational, and financial performance in Japanese manufacturing firms: A use of Data Envelopment Analysis with strong complementary slackness condition [J]. European Journal of Operational Research, 2010, 207 (3): 1742 -1753.

[86] Sueyoshi T., Goto M. Measurement of returns to scale and damages to scale for DEA - based operational and environmental assessment: How to manage desirable (good) and undesirable (bad) outputs? [J]. European Journal of Operational Research, 2011a, 211 (1): 76 -89.

[87] Sueyoshi T., Goto M. Methodological comparison between two unified (operational and environmental) efficiency measurements for environmental assessment [J]. European Journal of Operational Research, 2011b, 210 (3): 684 -693.

[88] Sueyoshi T., Goto M. Returns to scale and damages to scale on US fossil fuel power plants: Radial and non – radial approaches for DEA environmental assessment [J]. Energy Economics, 2012d, 34 (6): 2240 – 2259.

[89] Tang D., Tang J., Xiao Z., et al. Environmental regulation efficiency and total factor productivity—Effect analysis based on Chinese data from 2003 to 2013 [J]. Ecological Indicators, 2017 (73): 312 – 318.

[90] Teece D. J. Support policies for strategic industries: Impact on home economies, in Strategic Industries in A Global Economy: Policy Issues for the 1990s [Z]. OECD International Future Program, 1991.

[91] Tone K. A slacks – based measure of efficiency in data envelopment analysis [J]. European Journal of Operational Research, 2001, 130 (3): 498 – 509.

[92] Tone K. Dealing with undesirable outputs in DEA: A slacks – based measure (SBM) approach [R]. GRIPS Research Report Series, 2003: 121 – 130.

[93] Tsionas E. G. Stochastic frontier models with random coefficients [J]. Journal of Applied Econometrics, 2002, 17 (2): 127 – 147.

[94] Wallsten S. J. The effects of government – industry R&D programs on private R&D: The case of the small business innovation research program [J]. The RAND Journal of Economics, 2000, 31 (1): 82 – 100.

[95] Wang K., Yu S., Zhang W. China' s regional energy and environmental efficiency: A DEA window analysis based dynamic evaluation [J]. Mathematical and Computer Modelling, 2013, 58 (5): 1117 – 1127.

[96] Wang Y., Liu Z. B. Subsidies and balanced development: Growth of strategic emerging industries and adjustment of traditional industries [J]. China Industrial Economics, 2013 (8): 57 – 69.

[97] Watanabe M., Tanaka K. Efficiency analysis of Chinese industry: A directional distance function approach [J]. Energy Policy, 2007, 35 (12): 6323 – 6331.

[98] Woo C., Chung Y., Chun D., et al. The static and dynamic environmental efficiency of renewable energy: A Malmquist index analysis of OECD countries [J]. Renewable and Sustainable Energy Reviews, 2015 (47): 367 – 376.

[99] Wu Y., Schuster M., Chen Z., et al. Google's neural machine transla-

tion system: Bridging the gap between human and machine translation [EB/OL]. ArXiv Preprint ArXiv: 1609.08144 [cs.LG], 2016-9-26.

[100] Wu Q., Liu B. Research on the influencing mechanism of modes of distribution of government R&D subsidy on the innovation of strategic emerging industries [J]. Industrial Economics Research, 2014 (6): 41-49.

[101] Xiao X. Z., Jiang X. J. Investment direction of government innovation fund in the strategic emerging industries: Traditional enterprises in transition or newborn enterprises [J]. China Industrial Economics, 2013 (1): 128-140.

[102] Zhai H. Y. Research on efficiency of the financial support of listed companies in strategic emerging industries [J]. Securities Market Herald, 2012 (11): 20-25.

[103] Zhang B., Bi J., Fan Z., et al. Eco-efficiency analysis of industrial system in China: A data envelopment analysis approach [J]. Ecological Economics, 2008, 68 (1): 306-316.

[104] Zhang N., Choi Y. Total-factor carbon emission performance of fossil fuel power plants in China: A metafrontier non-radial Malmquist index analysis [J]. Energy Economics, 2013 (40): 549-559.

[105] Zhou P., Ang B. W., Poh K. L. A survey of data envelopment analysis in energy and environmental studies [J]. European Journal of Operational Research, 2008, 189 (1): 1-18.

[106] Zhou P., Ang B. W., Poh K. L. Slacks-based efficiency measures for modeling environmental performance [J]. Ecological Economics, 2006, 60 (1): 111-118.

[107] Zhou P., Poh K. L., Ang B. W. A non-radial DEA approach to measuring environmental performance [J]. European Journal of Operational Research, 2007, 178 (1): 1-9.

[108] 保罗·克鲁格曼．战略性贸易政策与新国际经济学 [M]．北京：中国人民大学出版社，2000.

[109] 白俊红．中国的政府 R&D 资助有效吗？来自大中型工业企业的经验证据 [J]．经济学（季刊），2011，10（4）：1375-1400.

［110］曹立．发展我国战略性新兴产业的三个视角［J］．理论视野，2010（11）：33－34，36.

［111］曹兴，张云，张伟．战略性新兴产业自主技术创新能力形成的动力体系［J］．系统工程，2013，31（7）：78－86.

［112］陈浩，陈平，罗艳．京津冀地区环境效率及其影响因素分析［J］．生态经济，2015，31（8）：142－146，150.

［113］陈茹，王兵，卢金勇．环境管制与工业生产率增长：东部地区的实证研究［J］．产经评论，2010（2）：74－83.

［114］陈诗一．能源消耗、二氧化碳排放与中国工业的可持续发展［J］．经济研究，2009，44（4）：41－55.

［115］陈晓玲，李国平．我国地区经济收敛的空间面板数据模型分析［J］．经济科学，2006（5）：5－17.

［116］陈玉桥．省域环境技术效率空间视角分析［J］．南方经济，2013（10）：64－76.

［117］程晖．长三角民营企业融资困境的制度性分析与对策探讨［J］．技术经济与管理研究，2009（1）：126－128.

［118］戴志颖．战略性新兴产业协同演化动力机制研究［J］．统计与决策，2015（6）：51－54.

［119］东北财经大学产业组织与企业组织研究中心课题组，肖兴志．中国战略性新兴产业发展战略研究［J］．经济研究参考，2011（7）：47－60.

［120］杜江，王锐，王新华．环境全要素生产率与农业增长：基于 DEA－GML 指数与面板 Tobit 模型的两阶段分析［J］．中国农村经济，2016（3）：65－81.

［121］冯飞．把结构调整作为“十二五”规划的核心内容［A］//中国经济分析与展望（2009～2010）［C］．中国国际经济交流中心，2010.

［122］辜胜阻，李永周．论高技术产业的机制创新［J］．经济评论，2001（6）：41－43.

［123］关海玲．省域低碳生态城市的全要素生产率测算及其收敛分析［J］．统计与决策，2013（24）：99－102.

［124］桂黄宝．战略性新兴产业成长动力机制分析——以我国新能源汽车为

例［J］．科学管理研究，2012，30（3）：48－51.

［125］郭燕青，何地．网络视角下战略性新兴产业技术创新小生境演化研究——以中国新能源汽车产业为例［J］．科技进步与对策，2017，34（2）：64－71.

［126］韩海彬．中国农业环境技术效率及其影响因素分析［J］．经济与管理研究，2013（9）：61－68.

［127］何枫，马栋栋，祝丽云．中国雾霾污染的环境库兹涅茨曲线研究——基于2001～2012年中国30个省市面板数据的分析［J］．软科学，2016，30（4）：37－40.

［128］贺正楚，张蜜．战略性新兴产业的评价指标体系研究——基于几类产业内涵和特征比较的视角［J］．学海，2011（6）：70－75.

［129］侯云先，王锡岩．战略产业博弈分析［M］．北京：机械工业出版社，2004.

［130］侯云先，林文．新兴产业保护中的两产品关税谈判模型［J］．系统工程学报，2004（5）：470－476.

［131］胡鞍钢，郑京海，高宇宁，张宁，许海萍．考虑环境因素的省级技术效率排名（1999—2005）［J］．经济学（季刊），2008（3）：933－960.

［132］胡晓珍，杨龙．中国区域绿色全要素生产率增长差异及收敛分析［J］．财经研究，2011，37（4）：123－134.

［133］胡玉莹．中国能源消耗、二氧化碳排放与经济可持续增长［J］．当代财经，2010（2）：29－36.

［134］江世银．区域战略性产业结构布局的模型建立和指标体系设计——兼论我国东中西部地区战略性产业结构布局［J］．云南财贸学院学报，2005（6）：72－77.

［135］姜大鹏，顾新．我国战略性新兴产业的现状分析［J］．科技进步与对策，2010（9）：65－70.

［136］姜宁，黄万．政府补贴对企业R&D投入的影响——基于我国高技术产业的实证研究［J］．科学学与科学技术管理，2010，31（7）：28－33.

［137］姜涛．战略性新兴产业发展的路径创新——基于产业结构演变的视角［J］．经济问题探索，2012（5）：126－130.

［138］姜霞，姜平．深圳市战略性新兴产业发展条件及路径研究［J］．商业时代，2013（1）：126－128.

［139］蒋震，梁军．促进战略性新兴产业发展的税收政策［J］．税务研究，2010（8）：8－12.

［140］康海媛，孙焱林，陈祖海．中国省际能源全要素生产率变化与收敛性的实证分析［J］．统计与决策，2016（5）：101－104.

［141］康志勇．中国企业自主创新存在本土市场效应吗？［J］．科学学研究，2012（7）：1092－1100，1030.

［142］柯孔林，冯宗宪．中国商业银行全要素生产率增长及其收敛性研究——基于 GML 指数的实证分析［J］．金融研究，2013（6）：146－159.

［143］匡远凤，彭代彦．中国环境生产效率与环境全要素生产率分析［J］．经济研究，2012，47（7）：62－74.

［144］战略性新兴产业：中国经济发展的新引擎［J］．商，2012（10）：61－62.

［145］李谷成，范丽霞，闵锐．资源、环境与农业发展的协调性——基于环境规制的省级农业环境效率排名［J］．数量经济技术经济研究，2011，28（10）：21－36，49.

［146］李江，和金生．区域产业结构优化与战略性产业选择的新方法［J］．现代财经—天津财经大学学报，2008（8）：70－73.

［147］李金华．中国战略性新兴产业发展的若干思辨［J］．财经问题研究，2011（5）：3－10.

［148］李尽法．基于 SE－DEA 的财政科技投入效率测度实证研究［J］．科技管理研究，2011，31（15）：69－71，90.

［149］李姝．中国战略性新兴产业发展思路与对策［J］．宏观经济研究，2012（2）：50－55.

［150］李晓华，吕铁．战略性新兴产业的特征与政策导向研究［J］．宏观经济研究，2010（9）：20－26.

［151］厉以宁．让信息化带动工业化，而不是代替工业化［J］．中国制造业信息化，2005（S1）：34.

［152］林光平，龙志和，吴梅．我国地区经济收敛的空间计量实证分析：

1978—2002 年［J］. 经济学（季刊），2005（S1）：67－82.

［153］林学军. 战略性新兴产业的发展与形成模式研究［J］. 中国软科学，2012（2）：26－34.

［154］刘澄，顾强，董瑞青. 产业政策在战略性新兴产业发展中的作用［J］. 经济社会体制比较，2011（1）：196－203.

［155］刘美平. 战略性新兴产业技术创新路径的共生模式研究［J］. 当代财经，2011（11）：105－111.

［156］刘瑞翔，安同良. 资源环境约束下中国经济增长绩效变化趋势与因素分析——基于一种新型生产率指数构建与分解方法的研究［J］. 经济研究，2012，47（11）：34－47.

［157］刘玉海，武鹏. 能源消耗、二氧化碳排放与 APEC 地区经济增长——基于 SBM－Undesirable 和 Meta－frontier 模型的实证研究［J］. 经济评论，2011，(6)：109－120，129.

［158］刘玉忠. 后危机时代中国战略性新兴产业发展战略的选择［J］. 中国科技论坛，2011（2）：45－49.

［159］柳剑平，龚兆鋆，程时雄. 中国不同地区环境全要素生产率增长及收敛分析［J］. 学习与实践，2016（10）：5－15.

［160］陆立军，于斌斌. 传统产业与战略性新兴产业的融合演化及政府行为：理论与实证［J］. 中国软科学，2012（5）：28－39.

［161］吕荣杰，郝力晓，吴超. 战略性新兴产业集聚动力机制研究［J］. 管理现代化，2017，37（3）：33－37.

［162］吕岩威，孙慧. 中国战略性新兴产业技术效率及其影响因素研究［J］. 数量经济技术经济研究，2014，31（1）：128－143.

［163］梅国平，甘敬义，朱清贞. 资源环境约束下我国全要素生产率研究［J］. 当代财经，2014（7）：13－20.

［164］庞瑞芝. 中国省际工业增长模式与提升路径分析——基于工业部门全要素能源效率视角［J］. 中国地质大学学报（社会科学版），2011（4）：28－33.

［165］彭国华. 中国地区收入差距、全要素生产率及其收敛分析［J］. 经济研究，2005（9）：19－29.

［166］彭水军，包群．经济增长与环境污染——环境库兹涅茨曲线假说的中国检验［J］．财经问题研究，2006（8）：3－17.

［167］齐亚伟．碳排放约束下我国全要素生产率增长的测度与分解——基于SBM方向性距离函数和GML指数［J］．工业技术经济，2013，32（5）：137－146.

［168］钱昇，武健．政府补贴对知识溢出条件下竞争企业R&D合作收益的影响［J］．东岳论丛，2007（6）：165－169.

［169］屈小娥．中国省际全要素能源效率变动分解——基于Malmquist指数的实证研究［J］．数量经济技术经济研究，2009，26（8）：29－43.

［170］任保全，刘志彪，任优生．战略性新兴产业技术创新的驱动力：出口还是本土市场需求［J］．财经科学，2016（12）：77－89.

［171］芮明杰，赵春明．战略性产业与国有战略控股公司模式［J］．财经研究，1999（9）：35－39.

［172］沈能，周晶晶，王群伟．考虑技术差距的中国农业环境技术效率库兹涅茨曲线再估计：地理空间的视角［J］．中国农村经济，2013（12）：72－83.

［173］石风光．中国地区环境技术效率的测算及随机收敛性检验［J］．系统工程，2013（1）：61－67.

［174］石明虹，刘颖．战略性新兴产业集群式创新动力机制与关键诱导因素研究［J］．科技管理研究，2013，33（24）：203－206.

［175］史常亮，朱俊峰，揭昌亮．中国农业全要素生产率增长地区差异及收敛性分析——基于固定效应SFA模型和面板单位根方法［J］．经济问题探索，2016（4）：134－141.

［176］史丹．我国经济增长过程中能源利用效率的改进［J］．经济研究，2002（9）：49－56，94.

［177］史丹．中国能源效率的地区差异与节能潜力分析［J］．中国工业经济，2006（10）：49－58.

［178］宋河发，穆荣平，任中保．促进自主创新的政府采购政策与实施细则关联性研究［J］．科学学研究，2011，29（2）：291－299.

［179］宋河发，万劲波，任中保．我国战略性新兴产业内涵特征、产业选择与发展政策研究［J］．科技促进发展，2010（9）：7－14.

［180］孙传旺，刘希颖，林静．碳强度约束下中国全要素生产率测算与收敛性研究［J］．金融研究，2010（6）：17－33.

［181］孙国民．战略性新兴产业概念界定：一个文献综述［J］．科学管理研究，2014，32（2）：43－46.

［182］孙军，高彦彦．产业结构演变的逻辑及其比较优势——基于传统产业升级与战略性新兴产业互动的视角［J］．经济学动态，2012（7）：70－76.

［183］汤鹏主．战略性新兴产业发展中的政府行为动力机制及其路径选择研究［J］．湖北社会科学，2012（10）：95－97.

［184］涂正革，谌仁俊．传统方法测度的环境技术效率低估了环境治理效率？——来自基于网络 DEA 的方向性环境距离函数方法分析中国工业省级面板数据的证据［J］．经济评论，2013（5）：89－99.

［185］涂正革，刘磊珂．考虑能源、环境因素的中国工业效率评价——基于 SBM 模型的省级数据分析［J］．经济评论，2011（2）：55－65.

［186］涂正革，肖耿．环境约束下的中国工业增长模式研究［J］．世界经济，2009，32（11）：41－54.

［187］涂正革．环境、资源与工业增长的协调性［J］．经济研究，2008（2）：93－105.

［188］万钢．把握全球产业调整机遇培育和发展战略性新兴产业［J］．求是，2010（1）：28－30.

［189］万航．战略性新兴产业：基本内涵、现实意义与发展路径［J］．黑龙江教育学院学报，2012，31（10）：194－195.

［190］汪成，高红贵．中国工业环境技术效率的空间收敛分析［J］．统计与决策，2015（16）：135－137.

［191］汪克亮，杨宝臣，杨力．基于 DEA 和方向性距离函数的中国省际能源效率测度［J］．管理学报，2011，8（3）：456－463.

［192］汪明月，肖灵机，万玲．基于演化博弈的战略性新兴产业技术异地协同共享激励机制研究［J］．管理工程学报，2018，32（3）：206－213.

［193］王兵，吴延瑞，颜鹏飞．环境管制与全要素生产率增长：APEC 的实证研究［J］．经济研究，2008（5）：19－32.

［194］王兵，吴延瑞，颜鹏飞．中国区域环境效率与环境全要素生产率增长

［J］. 经济研究，2010，45（5）：95－109.

［195］王兵，颜鹏飞. 技术效率、技术进步与东亚经济增长——基于 APEC 视角的实证分析［J］. 经济研究，2007（5）：91－103.

［196］王兵，张技辉，张华. 环境约束下中国省际全要素能源效率实证研究［J］. 经济评论，2011（4）：31－43.

［197］王锋，吴丽华，杨超. 中国经济发展中碳排放增长的驱动因素研究［J］. 经济研究，2010，45（2）：123－136.

［198］王宏起，刘梦，李玥，杨仲基. 结构平衡目标下区域战略性新兴产业创新生态系统科技资源配置模型［J］. 中国科技论坛，2018（11）：35－43.

［199］王欢芳，李密. 促进战略性新兴产业集群协同发展［J］. 宏观经济管理，2016（7）：65－67.

［200］王群伟，周德群，陈洪涛. 技术进步与能源效率——基于 ARDL 方法的分析［J］. 数理统计与管理，2009，28（5）：913－920.

［201］王群伟，周德群，周鹏. 中国全要素二氧化碳排放绩效的区域差异——考虑非期望产出共同前沿函数的研究［J］. 财贸经济，2010（9）：112－117.

［202］王新新. 战略性新兴产业发展规律及发展对策分析研究［J］. 科学管理研究，2011，29（4）：1－5.

［203］王忠宏，石光. 发展战略性新兴产业推进产业结构调整［J］. 中国发展观察，2010（1）：12－14.

［204］温太璞. 发达国家战略性产业政策和贸易政策的理论思考和启示［J］. 商业研究，2001（10）：25－27.

［205］巫强，刘蓓. 政府研发补贴方式对战略性新兴产业创新的影响机制研究［J］. 产业经济研究，2014（6）：41－49.

［206］吴传清，周勇. 培育和发展战略性新兴产业的路径和制度安排［J］. 理论参考，2010（11）：12－13.

［207］吴栋梁. 人均 GDP 达 4000 美元能说明什么——中国经济进入快速发展期［J］. 南方论刊，2010（4）：11－12，15.

［208］吴军. 环境约束下中国地区工业全要素生产率增长及收敛分析［J］. 数量经济技术经济研究，2009，26（11）：17－27.

［209］吴绍波．战略性新兴产业创新生态系统协同创新的治理机制研究［J］．中国科技论坛，2013（10）：5－9.

［210］武建龙，王宏起．战略性新兴产业突破性技术创新路径研究——基于模块化视角［J］．科学学研究，2014，32（4）：508－518.

［211］武群丽．环境约束、经济增长与我国产业结构调整［A］//Proceedings of 2011 International Conference on Fuzzy Systems and Neural Computing（FSNC 2011 V7）［C］．Hong Kong Education Society，Huazhong University of Science & Technology：智能信息技术应用学会，2011.

［212］肖兴志，王伊攀，李姝．政府激励、产权性质与企业创新——基于战略性新兴产业260家上市公司数据［J］．财经问题研究，2013（12）：26－33.

［213］肖兴志．中国战略性新兴产业发展研究［M］．北京：科学出版社，2011.

［214］谢千里，罗斯基，张轶凡．中国工业生产率的增长与收敛［J］．经济学（季刊），2008（3）：809－826.

［215］谢书玲，王铮，薛俊波．中国经济发展中水土资源的"增长尾效"分析［J］．管理世界，2005（7）：22－25，54.

［216］徐晔，陶长琪．中国战略性新兴产业环境技术效率研究［J］．当代经济研究，2015（2）：56－61.

［217］徐晔，周才华．我国生物医药产业环境技术效率测度区域比较研究［J］．江西财经大学学报，2013（5）：24－34.

［218］徐晔．中国制造业环境技术效率的测度及其影响因素研究［J］．东岳论丛，2012（11）：128－135.

［219］杨文举．基于DEA的绿色经济增长核算：以中国地区工业为例［J］．数量经济技术经济研究，2011，28（1）：19－34.

［220］杨文举．中国地区工业的动态环境绩效：基于DEA的经验分析［J］．数量经济技术经济研究，2009，26（6）：87－98，114.

［221］袁鹏，程施．中国工业环境效率的库兹涅茨曲线检验［J］．中国工业经济，2011（2）：79－88.

［222］袁晓玲，张宝山，杨万平．基于环境污染的中国全要素能源效率研究［J］．中国工业经济，2009（2）：76－86.

［223］岳书敬，刘富华．环境约束下的经济增长效率及其影响因素［J］．数量经济技术经济研究，2009，26（5）：94－106.

［224］张健，张威，吴均．战略性新兴产业共性技术协同创新的演化博弈——三重螺旋视阈下的研究［J］．企业经济，2017，36（1）：41－48.

［225］张敬文，李晓园，徐莉．战略性新兴产业集群协同创新发生机理及提升策略研究［J］．宏观经济研究，2016（11）：106－113.

［226］张炼．我国战略性新兴产业环境技术效率的动力机制研究［D］．江西财经大学，2014.

［227］张伟，吴文元．基于环境绩效的长三角都市圈全要素能源效率研究［J］．经济研究，2011，46（10）：95－109.

［228］张银银，邓玲．创新驱动传统产业向战略性新兴产业转型升级：机理与路径［J］．经济体制改革，2013（5）：97－101.

［229］张志宏．关于培育和发展战略性新兴产业的思考［J］．中国高新区，2010（11）：26－29.

［230］赵蕾，杨向阳，王怀明．改革以来中国省际农业生产率的收敛性分析［J］．南开经济研究，2007（1）：107－116.

［231］赵世勇，陈其广．产权改革模式与企业技术效率——基于中国制造业改制企业数据的实证研究［J］．经济研究，2007（11）：71－81.

［232］赵玉林，张倩男．湖北省战略性主导产业的选择研究［J］．中南财经政法大学学报，2007（2）：30－35.

［233］赵玉林，汪芳．我国高技术产业关联效应实证分析［J］．经济问题探索，2007（1）：6－13.

［234］朱云欢，张明喜．我国财政补贴对企业研发影响的经验分析［J］．经济经纬，2010（5）：77－81.

后　记

本书是在笔者多年研究战略性新兴产业环境效率的相关理论和实践基础上的一些所思、所想与所悟。本书利用 SBM 方向性距离函数、GML 指数分析模型、面板 Tobit 模型和动态博弈模型系统分析我国战略性新兴产业环境效率相关问题。进一步以江西省作为案例研究，提炼提升战略性新兴产业环境效率的实践经验，最终提出战略性新兴产业环境效率提升的政策建议。相关研究成果已陆续在《当代财经》《江西社会科学》《金融教育研究》等期刊上发表，同时也有一些成果在发表后被人大复印报刊资料全文转载，在此，对这些杂志表示由衷的谢意。

本书的顺利完成离不开课题组成员的努力和同行学者给予的认同、鼓励和支持，特别感谢江西师范大学黄小勇教授、李云峰教授、刘斌斌教授、钟成林老师对本书的理论模型构建、实证研究与政策建议提出诸多建设性意见。感谢北京银行南昌分行甘敬义博士。同时在此感谢江西师范大学财政金融学院硕士生刘燕、周峰、黄超羽、万雪等同学，以及江西师范大学博士生何珏。他们在本书的资料收集、数据整理、内容校正等方面提供了许多帮助。更重要的是，要感谢国家社科基金项目（14BJY020）对本书出版的资助和国家社科基金评审专家提出的诸多宝贵意见。

当然，本书尽管吸取了诸多学者和专家的建议，但一些研究可能还并不完善，我们将在后续研究中不断拓展研究范围和研究深度，提出更加可行、可靠的政策建议，提高我国战略性新兴产业环境效率。